비틀거리는 마음

비틀거리는 마음

유제민 김철주 공저

서현사

머리말

인간에게는 여러 가지 크고 작은 사연이 있다. 신분고하를 막론하고 문제없는 가정이 없고, 자기만의 은밀한 고민이 있다. 그러나 살면서 경험하는 갈등영역들은 유사하고 호소하는 문제도 비슷하다. 즉, 가정, 친구, 연인, 결혼, 직장 등 소위 발달과정에서 흔히 경험하는 부적응 문제들은 아주 보편적인 공통점이 있다. 이 책은 저자가 예전에 라디오 방송에서 문답식으로 진행한 내용들 중 삶의 발달과정에서 순서대로 발생할 수 있는 위기들을 선별하여 재구성하고 전면적으로 내용을 개정한 것이다. 임상적인 증상으로 진행되지만 김철주 교수님의 아이디어와 노력으로 치료적 교육의 관점과 내용이 추가되었고 비로소 책이 본모습을 갖추게 되었다.

이 책은 임상심리학과 정신의학의 치료적 입장뿐만 아니라 인간발달을 전제로 한 교사들의 생활지도역량을 강화시키려는 의도로 저술되었다. 이들에게 삶의 문제에 대해 즉각적으로 도움을 받는 조언서이자 매뉴얼로 사용되기를 바란다.

마지막으로 이 책의 출판을 허락해주신 서현사 조재성 사장님과 편집부 여러분께 말로 다하지 못한 감사함을 전하고 싶다. 성실과 비전의 출판인이 고군분투하는 모습은 저자들에게도 신뢰와 애틋함을 느끼게 한다. 사장님에게 행운과 건투를 빈다.

유제민, 김철주 저자 일동

차례

1. 술과 뇌의 잘못된 만남 - 태아알코올증후군

1) 임신 중 어머니가 술을 마셨을 때 태아에게 끼치는 후유증에 대해서는 잘 알려져 있는데요.

그렇습니다. 오늘은 아이의 뇌가 초기 임신 환경에 얼마나 예민한지를 말씀드리고자 합니다. 태아 알코올 증후군(Fetal Alcohol Syndrome, FAS)은 임신 기간 동안에 어머니의 알코올 남용으로 인해 출산 후 아이에게 신체 및 정신적 결함이 나타나는 현상입니다. 알코올은 분자량이 작아 태반을 쉽게 통과합니다. 그래서 엄마가 술을 마시면 태아에게서도 엄마와 동일한 알코올 수치가 나타납니다. 태반을 통과한 알코올은 혈관과 뇌의 장벽을 쉽게 지나 태아의 뇌에도 이르게 됩니다.

태아는 알코올 대사에 필요한 알코올 탈수소효소가 없기 때문에 흡수된 알코올이 그대로 누적됩니다. 결국 체내 알코올 농도가 점차 높아지기 때문에 태반 혈관이 수축됩니다. 이 때문에 신체에 영양분과 산소가 잘 공급되지 못하고, 정상 발육에 필요한 비타민 A와 엽산이 부족해집니다. 결과적으로 성장지체나 중추신경계(CNS)의 기능 이상이 초래되는 것입니다. 알콜을 남용하는 어머니들이 출산한 아이들 중 10%정도가 FAS일 수 있으며, 30-40%정도는 그 보다 덜 심한 증상인 태아알코올효과(Fetal Alcohol Effect, FAE)일 가능성이 있습니다. 태아 알코올 증훈군의 최고 권위자중 한명 인 미국의 스트라이스거스 박사는 사소한 학습장애나 행동이상을 보이는 아동 100명 중 1명은 임신 중 산모가 술을 마셨기 때문이라고 주장합니다.

2) 그렇게 심각한 후유증이 있군요. 어느 정도 마실 경우 그런 효과가 나타나나요?

일반적으로 여성은 남성보다 체지방 비율이 높고 수분량이 적습니다. 그래서 똑같이 술을 마셔도 체내 알코올 농도가 더 높아집니다. 특히 알코올 분해효소가 남성보다 적게 분비되기 때문에 같은 양의 술을 마셔도 여성의 간이 더 빨리 나빠지게 됩니다. 연구된 바에 의하면 임신 중 12ml 이하의 알코올은 태아에게 거의 영향을 주지 않습니다. 그러나 120ml을 마실 경우 두 명 중의 한 명에게서 태아알코올증후군이 발생합니다. 알코올 농도가 24~25%인 소주 1병의 양은 360ml입니다. 한 잔에는 약 40ml 정도의 알코올이 포함되어 있으니 반 병 정도 마실 경우 위험수준을 넘어서는 것입니다. 임신 초기에 단 한번 5잔 이상을 폭음한 경우도 태아알코올증후군을 일으킬 수 있습니다. 또 엄마의 영양상태가 불량하거나 술과 담배를 함께 한 경우 그 위험성은 더욱 높아집니다.

3) 임신 기간에 따라서도 다를 것 같은데요. 아무래도 임신 초기가 더 위험하지 않을까요?

클래런 박사는 원숭이 새끼를 대상으로 한 연구에서 태아 때 알코올에 의한 뇌 손상이 어느 시점에서 일어나는지를 실험한 바 있습니다. 임신 중인 원숭이에게 알코올 분량을 각기 달리하여 투여하였습니다. 그 결과 임신 초기에 중간 수준(농도와 양)의 알코올을 투여했을 때가 임신 후기에 높은 수준으로 알코올을 투여했을 때보다 더 큰 손상이 있었습니다. 이런 결과는 인간에게도 시사하는 바가 큽니다. 많은 여성들이 임신 초기의 몇 주 동안에는 자신이 임신했다는 사실을 모를 수 있습니다. 그래서 자기도 모르는 사이에 위험한 행동을 합니다. 특히 이 시기에 음주할 경우 아주 후유증이 클 수 있습니다.

클래런 박사는 뇌 부위에 따라 알코올에 취약한 시기가 다르다는 사실도 밝혀냈습니다. 예를 들어, 소뇌는 잉태 후 45일 경에 제일 약하고, 대뇌피질은 85일 경에 가장 취약합니다. 그 시기에 알코올을 섭취하면 해당 뇌 부위의 기능이 저하될 수 있습니다. 임신 2개월경의 태아는 간 기능이 성인의 25%에서 50%에 지나지 않습니다. 이 시기에 임산부가 소량이라도 음주하면 제때에 해독할 수가 없어 대사과정에서 부작용이 생깁니다. 기형아를 낳을 가능성도 있습니다. 임신 초기에는 뇌 기능이 분화되면서 각종 장기가 형성됩니다. 따라서 특히 이 시기에는 어머니의 음주가 아이에게 치명적일 수 있습니다.

4) 그밖에 생길 수 있는 증상들이 또 있나요?

1899년에 오스트레일리아의 외과 의사 윌리엄 설리번은 어머니의 음주가 태어난 아이에게 어떤 영향을 주는지를 최초로 보고하였습니다. 그는 감옥에 수감 중인 여성들이 낳은 아기들의 신체적인 특징에 대해 연구를 하였습니다. 설리번은 술을 습관적으로 마시는 어머니가 낳은 아기들의 유아 사망률과 사산율이 그렇지 않은 어머니가 낳은 아이들의 경우보다 두 배 반이나 더 높은 것을 발견하였습니다. 한편 심각한 결손을 가진 아기들을 낳은 경험이 있는 여성들도 감옥에서 술을 마실 수 없게 되자 건강한 정상아를 낳은 경우가 많았습니다.

이후 많은 연구가 진행되었는데 태아알코올 증후군은 기본적으로 중추신경계의 기능이상을 초래합니다. 정도에 따라 차이가 있지만 소두증, 지능저하, 발달지연, 지각기능장애, 기억력 손실, 그리고 주의 산만이 공통적인 증상입니다. 특정 영역은 정상적으로 발달하지만 또 다른 영역의 발달은 지연되기도 합니다. 불규칙하고 불균형한 발달이 일어나는 것이지요. 이 증후를 보이는 아이들의 약 10% 정도는 지능지수(IQ)가 아주 낮습니다. 정상지능을 보이는 아이들이라도 절반 정도는 통합적인 사고가 곤란하고 산만한 특징이 있습니다. 수면장애가 나타나는 경우도 많습니다.

부모의 알코올 남용은 태아뿐만 아니라 아동들에게도 나쁜 영향을 끼칩니다. 알코올 중독성 아버지나 어머니를 가진 아동들은 장차 성인이 되었을 때 알코올 중독증 환자가 될 확률이 그렇지 않은 아동에 비해 세배 이상 높은 것으로 알려져 있습니다. 물론 이것은 유전적인 영향일 수 있습니다. 그러나 알코올을 남용하는 가족에게서 일반적으로 나타나는 예측하기 어렵고 불안한 가족 분위기가 스트레스로 작용했기 때문에 약물에 의존한다는 설명도 있습니다.

5) 아버지보다도 어머니의 음주가 아이에게 더 결정적인 후유증이 있군요?

그렇습니다. 특히, 여성의 알코올 남용은 호르몬 계통의 변화를 가져와 생리불순을 유발하고, 불임과 조기폐경의 원인이 된다는 것이 의학계의 일반적인 입장입니다. 지나치게 술을 마실 경우 유방암의 발병율도 현저하게 높아집니다. 여성 음주자는 비음주자에 비해 자살률도 4배나 높습니다.

진화심리학자들은 발효된 음식이 독성이 적기 때문에 인간이 선호하게 되었을 것이라고 설명합니다. 술은 발효된 음료이기 때문에 인간의 생존을 위해 선호될 수 밖에 없었습니다. 그러나 임신 중 어머니의 알코올 섭취가 태반을 통해 자녀에게 해로운 영향을 끼치고 출산 후 자녀의 경쟁력과 생존 가능성이 낮아지는 결과를 초래하였습니다. 이 과정이 반복되면서 출산과 자녀 양육의 일차적인 담당자인 어머니에게 알코올에 대한 민감성과 거부반응이 진화된 것입니다. 그래서 어머니의 음주가 특히 태아에게 치명적인 것입니다. 진화에 역행한 대가일 수 있지요.

2. 인간관계의 원형 - 성인애착

1) 어머니와 아이의 유대관계처럼 성인들 사이에서도 그러한 친밀한 유대관계가 나타날 수 있나요?

정확하게 말하면 성인애착(adult attachment)은 아동기의 애착 유형이 성인기에 이르러 특정한 형태로 재현되고 반복적으로 나타난다는 개념입니다. 태어난 지 1년 정도 기간 내에 양육자와 형성하는 애착관계를 통해 아이는 자신이 얼마나 가치 있는 존재인가라는 기본적인 자기 개념을 형성합니다. 자기를 믿고, 친밀한 사람들을 믿게 되겠지요. 당연히 성인이 되어서도 배우자나 자기 자녀와 애착하는 능력을 키우게 됩니다. 이는 건강하고 유능한 부모가 되는 자질과도 관계가 있습니다. 부모도 믿지 못했다면 당연히 다른 사람들도 믿지 못합니다. 이것은 인간을 바라보는 시각에 영향을 주기 때문에 대인관계나 사회화 과정에 적지 않은 문제로 드러날 수 있습니다.

2. 아동기의 애착 유형을 우선 확인해야 하겠군요. 어떻게 구분하나요?

애인스워스(Ainsworth, 1973)는 실험실에서 출생 후 54주까지 어머니와 아이 간의 상호 작용을 관찰 한 후 어머니가 아이에게 주는 자극의 양, 반응의 민감성 그리고 반응의 안정성(일관성) 등

상호작용 양상에 따라 세 가지 애착유형이 나타나난다고 구분하였습니다. 그는 이 애착유형에 따라 어머니가 사라지거나 또는 모르는 사람이 갑자기 나타나는 소위 '낯선 상황(strange situation)'에서 아이의 반응이 뚜렷한 특징이 있다는 것을 확인했습니다.

안정애착(secure attachment) 유형의 아이는 낯선 사람과 어머니가 동시에 있을 때 어머니에게 가까이 다가가고 몸을 기댑니다. 어머니와 낯선 사람의 관계를 유심히 관찰하기도 하고 그에게 크게 두려움을 느끼지 않습니다. 어머니가 눈앞에서 보이지 않더라도 안절부절 하지 않으며 조금 후에 다시 어머니가 보이면 열렬하게 반깁니다. 마치 어머니가 자기를 버리고 어디 가지는 않았을 것이라고 믿는 것처럼 보였습니다. 이상하게 생긴 장난감에도 도망가지 않고 호기심을 보이고 가지고 놀기도 합니다. 어머니가 아이의 요구에 민감하고 즉각적으로 반응하며 또 예측가능하고 일관되게 돌보아주면 아이가 이런 특성을 보입니다. 이름 그대로 안정되게 애착된 상태입니다.

불안정 회피애착(insecure-avoidance attachment) 유형의 아이는 어머니가 떠나도 별 동요를 보이지 않으며 어머니가 다시 돌아와도 다가가려 하지 않고 무시합니다. 낯선 사람이 다가와서 얼굴을 들이대도 별 신경을 쓰지 않습니다. 이상하게 생긴 장난감을 보면 고개를 돌리고 다가가지 않습니다. 이 유형의 어머니는 아기의 요구에 무감각하며 신체적인 접촉이 적습니다.
화가 나 있고 초조하며 마지못한 의무감으로 아기를 다루는 특징이 있습니다. 원치 않는 아이(unwanted baby)였을 가능성이 있고, 그 어머니 자신도 어렸을 때 그런 양육을 받았을 경우가 많습니다. 사랑받지 못했던 여자아이는 커서 좋은 엄마가 되기 어렵습니다.

마지막으로 불안정 저항애착(insecure-resistant attachment) 유형의 아이는 어머니의 접촉 시도에 대해 저항하는 경향이 높습니다. 어머니가 있어도 잘 울고 보채지만 어머니가 떠나면 극심한 불안을 보입니다. 어머니가 돌아오면 원망하고 화를 내지만 불안정 회피유형과는 달리 어머니 곁에 머물러 있으려고만 합니다. 흡사 다시는 떠나지 말라고 애원하는 듯합니다. 이런 아이의 어머니는 무관심하다기 보다는 양육방식에 일관성이 없는 것이 특징입니다. 변덕스럽고 엄마 자신도 정서적으로 안정되어 있지 않습니다. 아이에게 한없이 잘해주다가도 화가 나면 다른 사람인 것처럼 냉정해지기도 하지요.
홍계옥과 정옥분(1995)의 연구에서 우리나라의 경우 안정애착이 61.8%, 불안정 회피애착이 25%, 그리고 불안정 저항애착이 11.2%로 나타났습니다. 이것은 서구 영아들의 경우와 유사한 비율입니다.

3) 이런 애착 유형이 성인이 된 이후에 친밀한 다른 사람과의 관계에서도 그대로 이어진다는 것이군요.

그렇습니다. 바쏘롬과 호로비츠(Bartholomew & Horowitz, 1991)는 성인애착을 네 가지 유형으로 구분하는 검사 도구를 개발하였습니다. 일반적인 대인관계 상황에서 자신의 행동양식과 얼마나 유사하다고 생각하는지를 5점 척도(전혀 그렇지 않다/그렇지 않다/보통이다/대체로 그렇다/매우 그렇다) 상에서 평정하는 방식입니다. 가장 높은 점수가 나오면 하위 영역 중 해당 유형으로 분류하게 됩니다.

안심형(자기 긍정-타인 긍정)은 다른 사람들과 정서적으로 쉽게 가까워지며, 자신이 남들에게 의지하거나 혹은 남들이 자신에게 의지해도 모두 편안하게 느낍니다. 혼자서 지내거나 남들이 나를 받아들이지 않는다고 느껴도 걱정하거나 조바심을 내지 않습니다. 안정애착의 유형을 보였던 영아들이 성인이 되어서 이런 방식을 나타내는 경우가 많습니다.

거부-회피형(자기 긍정-타인 부정)은 다른 사람과 정서적 관계를 밀접하게 맺지 않고 지내는 게 오히려 편안한 사람들입니다.
기본적으로 다른 사람들에게 크게 기대를 하지 않기 때문에 독립적으로 생활하고 또 자기 충족감을 느끼는 여부가 행동의 중요한 기준입니다. 그들은 남들에게 의지하지 않을 뿐만 아니라 남들이 자신에게 의지하면 대단히 부담스러워 합니다. 따라서 그런 사람과의 관계를 정리하고 피하려고 합니다.

공포-회피형(자기 부정-타인 부정)도 다른 사람과 가까워지면 왠지 불편한 사람입니다. 가까운 사람과 정서적으로 밀접한 관계를 원하기는 하지만, 그들을 완전히 신뢰하지 못합니다. 자신을 무조건적으로 받아주고 전폭적으로 지지해주는 사람을 갈구하고 또 그런 사람을 만나기를 바라지만 곧 그런 사람은 없다는 것을 알고 포기합니다. 가까운 사람이라도 언제든지 자신을 떠날 것이라고 생각하기 때문에 전적으로 의지하지도 않고 또 마음의 문을 열지도 않습니다. 스스로 자신이 없기 때문에 기본적으로 상처받을까봐 두려워하기도 합니다.
영아기에 불안정 회피애착을 보인 아이는 성인이 되어서 거부-회피 혹은 공포-회피 유형을 보이기 쉽습니다.

양면형(자기 부정-타인 긍정)은 남들과 정서적으로 완전히 친밀해지기를 원하지만, 남들은 자신이 원하는 것만큼 가까워지기를 꺼려하는 것 같다고 느낍니다. 누군가와 친밀한 관계를 맺기를 바라며, 또 그들에게 반드시 인정을 받아야만 자신이 가치가 있는 사람이라고 생각합니다. 내가 생각하는 나보다 다른 사람이 생각하는 나의 모습이 더 진짜라고 믿습니다. 스스로 자신이 없기 때문에 기본적으로 상처받을까봐 두려워합니다. 좌절하면 자신은 너무 약하기 때문에 주저앉을지도 모른다고 항상 불안해합니다. 다른 사람들의 기준에 자신이 미치지 못한다고 생각되면 그들이 실망할까봐 자신도 슬그머니 발을 빼는 행동을 반복하지만 그러면서도 끊임없이 자신을 알아주고 이해해주기를 바랍니다. 누군가 가까워지려고 다가오면 거부하고 막상 가까워지면 매달리고 의존합니다. 자기에게 실망하여 떠나갈까봐 안절부절하고 막상 떠나가면 그럴 줄 알았다면서 원망하지만 곧 자신이 가치가 없는 사람이기 때문에 그런 것이라고 결론을 내립니다. 영아기에 불안정 저항애착을 보였던 아이가 자라서 이렇게 될 가능성이 높습니다.

성인의 경우 대부분의 나라에서 안심형이 가장 많습니다. 그 다음으로는 우리나라에서는 양면(몰두, 집착)형이 많은 데(35.9%) 비해, 미국에서는 회피형(거부-회피와 공포-회피)이 더 많습니다(35.7%). 아기가 보내는 신호들에 일관성 없이 기분내키는 대로 반응하는 엄마들이 우리나라에 더 많다는 의미일 수도 있겠지만 미국문화가 독립과 자율을 중시하는데 비해 한국문화가 인정과 체면을 중시하기 때문일 수도 있습니다. 우리나라에서는 자기주장보다는 타인의 배려가 더 바람직하게 여겨지므로, 독립을 강조하는 회피형보다는 친밀하려는 욕구와 기대가 더 높은 양면형이 더 많다는 해석도 있습니다(김동직. 한성열,1997).

성차도 다소 발견되고 있습니다. 일반적으로 거의 모든 문화권에서 여자보다는 남자에게 독립과 자율 그리고 자기주장을 더 중요한 것으로 강조합니다. 그래서 남자는 회피형이 많고, 여자는 양면형이 더 많으리라고 기대할 수 있습니다. 실제로 다양한 나라의 연구에서 이런 결과가 확인되었습니다.

4) 애착이 기본적으로 어머니와의 관계에서 발전한다는 사실은 충분히 이해가 갑니다. 그런데 혹시 아버지와 아이의 애착관계에 관한 이론은 없나요?

아주 좋은 지적입니다. 기본적으로 애착이라는 개념 자체가 양육자와의 유대관계이기 때문에 양육의 주체인 어머니가 절대적으로 영향을 끼칠 수밖에 없습니다. 그러나 최근에 미국에서는 아버지 애착에 관한 일부 연구가 진행되고 있습니다. 애착에서 아버지는 기본적으로 보완적인 역할을 합니다. 어머니와 아이가 안정 애착을 할 경우 아버지의 역할은 크지 않습니다. 그러나 어머니와의 애착이 불안정 할 때 아버지가 중요한 보완 역할을 할 수 있습니다. 아버지는 직접적으로 보살피는 행동을 하기 보다는 놀이가 주된 상호작용 양상입니다. 아이들은 아버지와 많은 시간을 보내고 놀이를 통한 상호작용을 하면서 사회화에 대한 표상을 형성합니다. 크고 강력하고 힘 있는 지지자가 있다는 생각은 아이에게 어머니에 버금가는 신뢰감을 줄 수 있습니다.

우리나라의 경우 유아와 아버지의 안정적 애착관계가 미국의 아버지의 경우보다 더 낮습니다(이영환, 1994). 어머니의 경우 우리나라가 미국의 어머니보다 안정애착의 비율이 조금 더 높게 나타납니다(박웅임, 1995). 우리나라의 어머니가 더 헌신적이고 아버지가 다소 무관심한 것이라고 단정하기는 어렵습니다.

아버지 역할에 대한 문화적인 기대가 달라서일 수도 있고, 어머니가 헌신하고 집중하는 것을 확신한 아버지가 안심하면서 사회적인 성취에 더 에너지를 투입하는 것일 수도 있지요.

3. 집단 괴롭힘 - 왕따

1) 자기 자녀가 학교에서 왕따를 당할까봐 걱정하시는 부모님들이 많던데요. 왕따를 어떻게 정의하나요?

괴롭힘(Bullying)은 주로 학교나 그 주변에서 일어나는 폭력을 말합니다. 구타, 폭행, 금품 빼앗기, 성폭행, 협박, 따돌림, 놀림, 부정행위 강요, 흡연 및 약물 강요 등을 모두 포함한 개념입니다. 괴롭힘은 개인적 차원에서 일어나는 경우가 많지만 일본의 이지매 같이 집단 차원에서 발생하는 경우도 있습니다. 우리나라에서는 왕따(노골적으로 따돌리는 것) 혹은 은따(은근히 따돌리는 것)라는 용어가 주로 사용되고 있습니다. 청소년 보호위원회의 조사결과, 전체 아이들의 약 절반이 학교를 다니면서 한번 정도 괴롭힘을 당한 경험이 있는 것으로 확인되었습니다. 적어도 10%의 아이들이 정기적으로 괴롭힘을 당하고 있는 것으로 추정한 연구도 있습니다.

2) 왕따가 있는 줄은 알았지만 정말 그 정도로 흔하게 발생하나요? 있기는 하지만 다소 과장된 통계라는 지적도 있던데요.

아주 좋은 질문입니다. 저는 이 문제를 일선에 근무하는 선생님들에게 자주 확인하곤 합니다. 그런데 그리 심각한 정도는 아니라고 말씀하시는 선생님들이 많으시더군요. 왕따는 분명 있습니다. 그러나 사람들이 생각하는 것처럼 그렇게 흔하지 않을 수 도 있고, 선생님들이 생각하는 것만큼 드물지도 않습니다. 제가 인터뷰해본 결과, 선생님들이 그 비율을 낮게 추정하는 것은 세 가지 이유가 있었습니다. 일단 자기 반에서 왕따가 발생하면 교사들은 제일 먼저 자신의 책임을 떠올립니다. 선생님들은 이 문제를 어떻게 다루어야 하는지 체계적으로 훈련받은 경험이 별로 없습니다. 부담스럽고 당황스러운 상황이지요. 솔직히 이런 문제가 없었으면 좋겠고 또 없다고 믿고 싶은 마음도 생깁니다. 또 다른 이유는 왕따가 발생했어도 잘 눈치 채기 어렵다는 것입니다. 왕따는 학생들은 잘 아는데 선생님은 잘 모르는 곳에서 일어나는 경우가 많습니다. 왕따가 가장 자주 일어나는 장소는 선생님이 없는 교실, 화장실, 운동장, 샤워실, 체육관, 사물함 주변입니다. 그래서 눈에 잘 띄지 않습니다. 마지막 이유로 아이들이 한 아이를 따돌리는 듯 한 행동을 하는 것을 알아도 선생님이 이상하게 생각하지 않을 수 있습니다. 실제 그 아이가 얄미운 행동을 하는 경우가 많기 때문에 아이들의 반응이 오히려 자연스럽게 보일 수 있거든요. 결국 교사가 눈이 가려지는 소위 '눈가림(blind)' 현상이 생긴 것입니다.

3) 왕따를 당하는 아이들의 일반적인 특징이 있나요?

이 아이들은 성장과정에서 부모가 지나치게 엄격했거나 과잉보호했을 가능성이 큽니다. 그래서 지나치게 복종하거나 자기주장이 부족한 경우가 많습니다(Chabrol et al., 1995). 이러한 복종적 행동이 다른 사람으로 하여금 자신을 좌지우지하게 만든 것일 수 있습니다. 그러나 이것이 원인인지 결과인지는 확신할 수 없습니다(Schwartz et al., 1993). 이것은 다분히 소모적인 논쟁입니다.

분명한 것은 왕따를 당하는 아이의 문제는 지능이 아니라 사회성이라는 점입니다. 이들은 독립적으로 보이지 않으며 자율성이 부족해 보입니다. 얼핏 보기에 이들은 부모나 특히, 엄마가 없으면 안 될 것 같은 아이라는 인상을 줍니다. 이로 인해 자기중심적인 특성을 보일 수 있습니다. 그래서 다른 이들의 감정을 이해하고 추론하거나 이에 부합하는 공감 능력이 다소 부족합니다. 행동을 하거나 말하기 전에 동료의 반응을 예견하는 사회적인 예견능력도 미약한 경우가 많습니다. 이런 아이들은 친구들에게 자신의 이미지를 부각시키거나 사회적인 관계를 기술적으로 유지하는데 어려움을 느낍니다.

연령 대 별로도 특징이 있습니다. 초등학생의 경우 어쩐지 불쾌한 외모의 인상을 주는 아이들이나 산만한 아이가 따돌림 받기 쉽습니다. 만성적인 수줍음 때문에 대인 접촉을 피하는 아동들도 그 대상이 될 수 있습니다. 그들은 인기를 얻을 수 있는 사회적 경험의 기회가 차단되기 때문에 점점 고립됩니다. 청소년들은 대부분의 또래들과 다른 행동을 하는 경우 따돌림의 대상이 될 수 있습니다. 특이한 취미나 취향 그리고 가치를 가진 청소년은 그런 기이한 것에 영향을 받을까봐 두려워하는 좀 더 관습적인 동료들에게 배척당하기 쉽습니다. 거미에 특별한 관심을 보이거나 헨델의 오라토리오를 즐겨 듣는 청소년은 다수의 보통 학우들의 눈에는 이상하게 보일 수 있겠지요.

4) 왕따를 당하면 결과적으로 어떤 문제가 생길까요?

집단 괴롭힘을 당한 아이들의 고통은 당해보지 않은 사람은 모를 정도로 심각합니다. 기본적으로 이 아이들의 사회성과 정서 발달에 문제가 생길 수 있습니다. 당연히 학업성취에도 영향이 있습니다. 왕따를 당한 아이들은 정서적으로 위축되고, 자기를 비하하거나 부 적응적인 방어행동 들을 드러냅니다. 특히, 아동들은 또래 아동과는 관계를 쉽게 형성할 수 없기 때문에 자신보다 어린아이들이나 아니면 훨씬 나이가 많은 형들과 사귀는 경향이 있습니다. 덜 위협적이거나 아니면 아주 의존할 수 있는 상대에게 편안함을 느끼는 것이지요.

나이가 어린 아이들은 학교 공포증이나 신체적 징후가 나타날 수 있습니다. 결국 학교에서 사회성 문제를 경험한 아이들은 공격적이고 반항적인 성향을 발전시키기 때문에 가정에서도 지나치게 무절제하거나 의존적으로 변하기 쉽습니다. 특히 청소년기는 성격적으로 이러한 특성이 고착될 수 있다는 점 때문에 각별히 주의가 필요합니다. 장기간 따돌림을 당한 피해자는 공격자가 행한 힘의 논리를 답습하면서 자신보다 연약한 사람을 따돌림 시키는데 동참할 수 도 있습니다. 피해자에서 가해자로 변하는 것이지요. 무엇보다 큰 문제는 이런 증상들을 주변 어른들이 눈치 챌 때는 이미 너무 오랜 시간이 지났다는 점입니다. 누적되어 나중에 드러나기 때문에 예방이 쉽지 않습니다.

5) 피해자가 있으면 가해자가 있기 마련인데 혹시 왕따를 주도하는 아이의 특징도 있나요?

왕따는 한국에서만 발생하는 현상이 아닙니다. 기본적으로 청소년들의 심리적 발달과정에서 충분히 발생할 수 있는 현상입니다. 왕따를 주도하는 아이들이 가지는 통제력과 힘에 대한 느낌 등은 정상적인 청소년들도 그 시기에 확보하고 싶어 하는 중요한 특성입니다. 왕따를 주도하는 아이들은 이런 특징이 과도한 것일 수 있습니다. 사실 아이들은 수동적으로 왕따에 동참하는 경우가 대부분입니다.

왕따를 적극적으로 주도하는 아이들은 타인을 조종하거나 지배하려는 욕구가 특히 큽니다. 그들 자신이 가정에서 학대받았거나 괴롭힘의 피해자였던 경우도 있습니다. 임상적인 관점에서 볼 때, 가해자는 학교나 가정에서 일어났던 사건들에 대해 분노하고 흥분한 경험이 많았습니다. 자신이 느끼는 욕구의 좌절을 주로 수동적인 아이, 쉽게 겁을 먹는 아이, 그리고 친구가 없는 아이들을 괴롭힘으로써 해소한 것입니다. 왕따를 당하는 아이는 체구가 작거나 의존적인 아이들이 많아 가해자의 지배성을 충족시키는 만만한 상대가 됩니다.

6) 왕따를 당하는 아이들을 어떻게 도와줄 수 있을까요?

왕따 당하는 아이 및 청소년들을 관리할 때는 동료집단이 왕따시키는 여러 가지 요인을 모두 고려해야합니다. 언어 구사력이 저하되어 있거나 산만해서 생기는 발달적인 문제가 원인이라면 그에 적합한 교육적 처치를 해야 합니다. 신체적 증후나 우울증 같은 복잡한 문제들이 있다면 임상적인 중재가 이루어져야합니다. 피해자와 가해자의 사회적 기술도 수정할 필요가 있습니다. 왕따는 주로 학교 장면에서 발생하기 때문에 부모와 교사의 협조가 중요합니다. 부모와 교사의 입장에서 왕따를 다루기 위한 일반적인 지침은 다음과 같습니다.

부모가 할 일

■ 부모와 자녀는 개방적이고 솔직한 방식으로 대화할 기회를 가져야 한다. 이때 긍정적이고 수용적인 방식으로 반응하는 것이 매우 중요하다. 기본적으로 괴롭힘을 당한 것은 자신의 잘못이 아님을 자녀에게 납득시켜야 한다.

■ 아이에게 사교적 기술이 필요한 이유와 당위성을 설명해야 한

다. 인간은 사회적 존재이다. 아이에게도 이러한 전제는 예외가 아니다. 그들도 이것을 기꺼이 수용하게 해야 한다.

■ 자녀의 대응방안을 확인해야 한다. 이전에는 어떤 방법을 시도해보았는지, 어떤 방법이 효과가 있었고, 또 어떤 방법은 효과가 없었는지도 비교할 필요가 있다.

■ 자녀에게 맞서 싸우라고 강요하면 안 된다. 교사나 다른 어른의 도움을 구하는 것은 비겁한 일이 아니라고 말해주어야 한다.

■ 자녀가 자기주장을 연습할 수 있도록 도와주어야 한다. 자기주장훈련은 공격적으로 보여 지지 않으면서 자신의 권리를 주장하는 방법이다. 예를 들어, "혼자 있게 가만히 놔둬!"고 주장하는 단순한 행동만으로도 놀람 효과(surprising effect)를 거둘 수 있다. 가해자의 진짜 목적은 피해자의 순종을 즐기는 것이라는 점을 설명해주어야 한다.

■ 학교 또는 다른 활동을 할 때, 친구와 같이 활동하도록 격려해주어야 한다. 가해자가 집단 안에 있는 한 아이를 끄집어내서 괴롭히기는 쉽지 않다.

교사가 할 일

■ 사교성의 문제가 있는 아이의 부모를 만나 상의할 필요가 있다. 일상적이고 사적인 과정에서 발생하는 사회적 상호작용에 부모들을 적극적으로 참여시켜야 한다.

■ 아동과 관련이 있는 한 명 내지는 두 명의 아동을 개입시켜 사교적 기술을 연습시키는 것도 좋다. 친구들과의 역할 연습을 통해 관심사를 공유하고 상대의 입장을 이해해 보게 한다.

■ 왕따를 당하는 아이의 능력을 발견하고 계발시켜야 한다. 누구나 잘할 수 있는 것이 하나 이상 있다. 유능성의 발휘는 자기 존중감을 크게 높일 수 있고 친구들에도 강력하다는 인상을 심어 줄 수 있다. 이것은 왕따에 대한 가장 효과적인 대응 수단이다.

■ 가능하다면 그들이 당황하게 될 상황을 미리 피하게 하는 것도 고려해 볼 수 있다. 예를 들어, 형편없이 둔한 운동신경을 지닌 아동이라면 체육 시간에 각별하게 신경써야한다.

■ 아이들에게 남들과 똑같이 행동할 필요는 없으며 사람은 누구나 가치 있는 존재임을 반복적으로 교육시켜야 한다. 왕따를 주도하는 학생을 처벌해서 그만두게 하기 보다는 왕따 당하는 아이의 후유증을 전체 학생들에게 진지하게 알려주는 것이 더 효과적이다. 왕따에 동참하거나 묵인하는 행동이 얼마나 비윤리적인지 가르쳐야 한다.

4. 현대인의 난치병 - TV 중독

1) 현대인의 일상생활에서 텔레비전을 빼놓을 수 없는데요. 중독이라면 오늘은 그 위험성에 대한 말씀을 해 주시겠네요?

우선 텔레비전 자체는 아무 잘못이 없습니다. 도구자체의 의미보다는 그것을 이용하는 사람들의 행위와 판단이 늘 문제가 되는 것이지요. 과도하고 편향된 TV 시청이 자신도 모르는 사이에 후유증을 유발할 수 있습니다. 이에 관한 올바른 정보를 알고 유용하게 즐기라는 의미로 받아들이면 좋겠습니다.

2) 사람들이 텔레비전을 시청하는 시간이 얼마나 되나요? 그런 통계가 있지요?

미국의 젊은이들은 자는 것을 제외한다면 다른 어떤 활동시간보다 텔레비전을 시청하는데 훨씬 더 많은 시간을 보냅니다. 그들은 일주일에 평균 21 시간에서 23 시간 정도 TV를 봅니다. 우리나라의 청소년들은 학교에 있는 시간이 보다 더 길기 때문에 미국의 청소년들만큼 텔레비전을 보지 않습니다. 그러나 주말에 집중해서 보는 경향이 있고, 대체로 남자보다는 여자가 더 많이 봅니다. 일반적으로 교육수준이 낮고 사회경제적 지위나 낮은 사람들이 텔레비전을 더 많이 봅니다. 편부모나 이혼가정의 아이들이 TV시청을 덜 통제받는 경향이 있습니다. 노인이 될수록 시청 시간은 더 길어집니다. 우리나라 사람들의 주당 평균 TV 시청 시간은 주중의 경우 3시간 13분이고, 일요일엔 4시간 23분입니다. 인간의 수명을 75년으로 치자면 무려 11년을 TV 앞에서 보내는 셈입니다.

3) 텔레비전이 엄마 역할을 하는 소위 '전자 보모'의 위험성에 대해서도 자주 언급이 되었지요?

그렇습니다. 아주 어린 나이에 텔레비전을 과도하게 시청한 어린이는 취학 연령이 되었을 때 '주의력결핍-과잉행동장애(ADHD)'가 생길 위험이 있습니다. 미국 시애틀 아동병원의 키스 박사는 3세미만의 아동들의 하루 TV 시청시간이 1시간 씩 늘어날 때마다 7세가 됐을 때 주의력에 문제가 생길 위험이 10%씩 높아진다고 보고하였습니다. 또한 매일 3~4시간 텔레비전을 보는 아동의 14%는 ADHD의 위험성이 30%에서 40%이상 증가하였습니다. 그리고 어머니가 정서적으로 불안하거나 우울할수록 아이가 텔레비전을 더 많이 보는 경향이 있습니다. 어머니가 힘드니까 아이의 요구에 즉각적으로 반응할 수 없고 결과적으로 아이는 텔레비전에 더 의지하게 되는 것이지요.

4) 과도한 텔레비전 시청의 위험성은 자주 연구된 주제인데요. 구체적으로 정리해 주시지요.

어린이들은 특히 텔레비전에 더 민감하게 영향을 받습니다. 사회학습(social learning theory) 이론에 따르면 어린이와 청소년들은 부모와 다른 어른의 행동을 관찰하고 모방합니다. 젊은 사람들은 텔레비전을 통해 성인 세계의 비밀스런 부분을 엿봅니다. 텔레비전 속의 인물들은 역할모델이 되기도 하고 일정한 태도를 형성시키기도 합니다. 다시 말씀 드리지만 대중 매체 자체는 아무런 잘못이 없습니다. 그러나 그들이 일주일 동안 텔레비전을 보는데 소비한 많은 시간들은 학교숙제, 독서, 운동 그리고 사회적 활동을 하는데 써야했을 시간이라는 점이 문제의 핵심입니다.

불행히도 현재 텔레비전의 방송망들은 어린이와 청소년들에게 해로운 영향을 끼칠 가능성이 있습니다. 먼저 폭력의 문제를 살펴볼 수 있습니다. 한국방송진흥원의 '지상파 방송 3사의 텔레비전 프로그램의 폭력성 분석(2000)'에 따르면 어린이를 대상으로 한 만화영화의 10분당 폭력 빈도수는 7.9회로 다른 장르보다 높았습니다. 전체 프로그램의 평균치가 1.2회인 것을 감안하면 6.6배나 높은 비율이지요. 만화 이외에 유아교육 프로그램(1.9회)과 어린이 드라마(2.7회)도 전체 폭력 평균치보다 높았습니다. 어린이들이 TV폭력 앞에 심각하게 노출되었음을 알 수 있습니다. 어린이들은 해마다 텔레비전에서 평균 10,000 여건의 살인과 약탈 그리고 강간 사건을 봅니다. TV에서 나오는 폭력은 얽히고설킨 복잡한 문제가 발생했을 때 이를 해결하는 가장 적합한 해결책으로 묘사되곤 합니다. 텔레비전에서 무자비한 폭력을 보는 것과 어린이나 청소년의 공격적 행동이 관련이 있다는 것은 많은 연구에서 증명된 바 있습니다.

두번째는 상업주의입니다. 어린이들은 해마다 20,000 여 편의 광고를 봅니다. 텔레비전은 성과 약물 등을 홍보하는 대단히 효과적인 전달 수단입니다. 8세 이하 어린이들은 광고가 항상 진실만을 말하지 않는다는 사실을 잘 이해하지 못합니다. 그래서 그 효과를 주의 깊게 고민해야 합니다.

비만도 문제가 될 수 있습니다. 최근의 연구들에서 텔레비전을 보는 시간과 어린이들의 비만 간에는 정적인 상관이 있음이 보고되었습니다. 어린이들이 텔레비전 앞에만 있게 되면서 좀 더 활발한 활동을 못한 것입니다. 영양에 대해 불건전한 생각을 심어주는 것도 하나의 이유가 될 수 있습니다. 예를 들어, 많은 광고들에서 씨리얼 같이 과도하게 단 아침 식사를 권장하고 또 이것이 마치 바람직한 식사 습관인 양 호들갑을 떱니다. 텔레비전을 보는 동안의 신진 대사율은 휴식을 취할 때보다도 사실 상 더 낮습니다. 그래서 텔레비전을 보면서 식사하는 행동은 비만을 일으키는 대단히 부적절한 습관입니다.

성적 관심도 생각해 볼 문제인데요. 우리나라 부모의 1/3 정도만 성과 출산에 대해 자녀와 대화를 나눕니다. 대부분의 학교에서도 성교육 프로그램을 체계적으로 제공하지 않습니다. 현실적으로 텔레비전이 성교육의 가장 큰 정보원입니다. 미국의 청소년들은 해마다 거의 15,000건의 성적인 상황을 텔레비전을 통해 시청합니다. 그런데 이 중 175건 정도만이 출산과정이나 성행위의 절제를 묘사하고 있습니다. 텔레비전에서는 남자와 여자가 어떻게 서로 접근하고 관계를 맺는가에만 초점을 맞춥니다. 출산과 자녀 양육 그리고 책임감 등에 대해서는 거의 다루고 있지 않습니다.

대다수의 TV광고에서는 사람이 술을 마실 때 더 섹시해지며 행복해진 것처럼 묘사합니다. 술 마시는 행위에서 성공의 이미지를 떠올리게 한 것이지요. 어린이들은 공익광고 하나를 보기 위해 25편에서 50건의 술 광고를 먼저 보아야 합니다. 현재 미국에서는 매년 대략 15,000명의 젊은이들이 알콜과 관련된 사고나 살인으로 죽습니다.

락 음악과 뮤직 비디오의 영향도 간과할 수 없습니다. 락 음악에는 성적이고 폭력적인 내용이 상당 수 포함되어 있습니다. 1950년대 이래로 이러한 경향이 점차 심해진다는 분명한 증거가 있습니다. 최근에는 그런 음악이 청소년들의 부 적응적 행동에 영향을 준다는 연구도 보고된 바 있습니다. 실제로 청소년들의 30% 정도만이 자신들이 가장 좋아하는 노래의 가사와 그 의미를 이해하고 있습니다. 락 음악의 가사와 그 의미를 잘 알고 나면 놀라

움과 두려움을 느낄 사람도 많을 것입니다. 뮤직비디오도 더 자극적으로 변하고 있고 보다 대중화되고 있습니다. 다수의 대중음악가들이 뮤직비디오를 통해 성적인 착취와 폭력 그리고 인종차별적인 내용을 충격적인 영상으로 전달하고 있습니다.

5) TV시청이 약물처럼 중독된다는 의미를 자세히 설명해 주시지요.

텔레비전 때문에 가족들 사이의 대화가 줄어들고 친구들과의 대면적 접촉 기회가 감소될 수 있습니다. 사회적 관계가 축소되는 것이지요. 그 뿐만 아니라 담배나 마약처럼 '중독성'도 있습니다. 사람들은 TV를 시청하고 있는 동안 편안함과 나른함을 느끼곤 합니다. 그런데 럿거스 대학의 쿠비 교수는 TV를 끄면 편안함은 이내 사라지지만 수동적인 감정 상태를 동반한 나른함은 지속된다는 것을 발견했습니다. 또 오래 시청할수록 편안함을 느끼는 시간이 점차 줄어들고 TV를 끈 후 느끼는 불안감은 점점 커지는 것을 확인했습니다. 이것은 전형적인 약물의 중독증상입니다. TV가 마약처럼 중독성이 있다는 결정적인 증거는 금단증세가 동반된다는 사실입니다. TV 중독 증세를 보이는 사람들에게 TV를 시청하지 못하게 하면 신경질을 자주 내고 아무 일도 하지 못한 채 거실을 배회하는 증세를 보입니다. TV 중독이 각별한 관심을 끄는 이유는 인터넷이나 게임에 과도하게 빠져있는 사람들도 이와 유사한 증세를 보이기 때문입니다.

6. 텔레비전의 영향이 심각하군요. (그렇습니다). 그렇다고 안보고 살 수도 없구요. (물론입니다). 텔레비전 시청을 지도하는 지침이 있으면 소개해 주시지요.

다행히도 이에 관한 지침이 있습니다.

▮ 미국 소아과 협회(AAP)에서는 부모가 자녀의 텔레비전 시청 시간을 하루에 1~2시간 안팎으로 제한할 것을 권합니다.

▮ 부모들은 자신들과 아이가 함께 시청할 수 있는 프로그램을 선별해야 합니다.
초등학교 저학년은 만화 프로그램을 즐겨보지만 고학년이 되면 쇼프로그램이나 드라마 등을 더 선호하는 경향이 있습니다. 부모는 자녀가 특정 장르나 장면에 몰입하지 않게 하고 특히, 가족 모두가 공유하는 프로그램을 우선 시청하게 해야 합니다. 가능하다면 자녀가 보는 프로그램을 같이 보면서 내용과 관련된 대화를 하는 것이 바람직합니다.

▮ TV시청에 관한 가족 내 규칙을 정하고 이를 일관성 있게 시행해야 합니다.
한 달에 하루 정도는 TV를 시청하지 않는 날을 정해 놓고 지키는 것이 좋습니다. 특히 어린 아이가 혼자서 폐쇄된 공간에서 장시간 동안 TV를 시청하지 않도록 주의해야 합니다. 식사 도중이나 가족 간의 대화 시간에는 결코 TV를 켜두어서는 안됩니다. 방송에서 쓰이는 은어와 비속어를 아이가 따라하지 않도록 각별히 신경 써 야 합니다. 자녀의 공부방이나 침실에는 TV가 없어야하는 것은 기본입니다.

▮ 텔레비전을 “전자 보모”로 이용하지 않아야 합니다.

틈나는 대로 텔레비전 앞에 아이를 앉혀두면 당장은 부모가 편합니다. 그러나 부모와의 상호 작용이 둔해지고 곧 방해받게 됩니다. 정서적으로 빈약한 아동이 될 위험이 있습니다.

▮ 가족들은 텔레비전에 관련된 사항들을 정기적으로 확인해야 합니다.

주별로 얼마나 많은 시간 TV를 보는가? 어떤 프로그램을 보는가? 아이가 텔레비전이 볼 때 무엇을 하는가? 등을 점검해야 합니다. TV나 매스컴이 자녀의 행동에 어떤 영향을 미치는가에 대해 지속적인 관심을 가져야 합니다. 말하는 것, 입는 것, 존경하는 대상, 어떤 메이커를 선호하는 가 등을 관찰할 필요가 있습니다.

▮ 긍정적이든 부정적이든 방송사에 시청자의 의견을 전달하는 것도 좋습니다.

이것은 어린이 프로그램의 질을 개선하는 작지만 중요한 노력일 수 있습니다.

▮ 텔레비전 시청에 대해 부모가 모범을 보여야 합니다.

아이에게 부적절한 프로그램이라면 부모부터 시청을 자제해야 합니다. 부모부터 텔레비전 시청의 지침을 지켜야 하고 자신이 정한 규칙을 따르는 일관성 있는 모습을 보여야 합니다.

5. 사람을 미치게 하는 메시지 - 이중구속

1) 이중구속(double bind)이란 어떤 개념인가요?

이중구속은 1956년에 인류학자이자 언어학자인 베이트슨(Bateson)이 제안한 개념입니다. 이것은 상반되는 메시지(대부분은 요구)가 동시에 전달되는 의사소통 방식을 말합니다. 예를들어, 부모나 가족이 말로는 "사랑한다"고 하면서 기대에 조금 못미치는 자식에게 아주 못마땅한 표정을 짓는다거나, 직장 동료가 말로는 "편하게 대하라"고 하면서 눈도 마주치지 않는 경우입니다. 또는 교수가 수업시간에 "자유롭게 발언하라" 고 하면서 학생이 질문을 하면 핀잔을 준다거나 망신을 주는 겁니다.

창의적인 아이디어를 격려한다고 해놓고 정작 그런 아이디어를 내면 무시하는 회사의 회의실 장면 등이 그런 상황입니다. 이런 모호하고 상호 모순된 의사소통방식에 지속적으로 직면하게 되면 이 의사소통 안에 포함되어 있는 두 가지의 메시지 중 어느쪽에 반응하더라도 결과적으로는 실패하는 것입니다. 그 때문에 결국은 어느 쪽에도 반응하지 못하게 되지요. 이러한 의사소통이 지속되면 그 메시지의 수용자는 극심한 정신적 혼란 상태에 빠집니다.

2. 앞뒤가 맞지 않는 의사소통 방식이군요. 왜 그런 방식으로 메시지를 전달하나요?

이중구속이 발생하는 근본적인 이유는 우리가 여러 개의 정보채널을 동시에 사용하여 메시지를 전달하기 때문입니다. 즉, 우리는 의사소통을 할 때 대부분 하나 이상의 채널을 사용합니다. 문자로 변환될 수 있는 언어메시지는 그중 하나일 뿐입니다. 언어에도 어조가 있고 뉘앙스가 있습니다. 악센트나 기타 등등의 방법으로도 텍스트로 전달된 것과는 완전히 다른 메시지를 전달할 수 있습니다. 게다가 얼굴을 보고 의사소통하는 경우에는 표정, 자세, 행동과 같은 소위 부언어적 채널들도 같이 사용합니다. 따라서 이 채널들을 통해 동일하고 일치된 메시지를 전달하는 경우가 오히려 드물 수도 있습니다. 우리가 진심으로 누군가를 대할 때만이 여러 채널에서 일관성 있는 메시지가 전달되거든요. 전달자가 스스로도 인식하지 못하는 자기기만적 심리상태에 빠져 있거나 혹은 인격에 결함이 있는 사람이라면 이중구속적인 메시지를 상습적으로 사용하는 경향이 있습니다.
상급자가 부하직원들에게 이중구속을 교묘하게 적용하면서 그것을 리더십이라고 착각하는 경우도 있습니다.

3) 전달자가 심각한 결함이 있어서라기보다는 대부분의 사람들이 어떤 사안에 대해 일관되고 명확한 입장을 취하지 않는 경우가 많잖아요. 그냥 어떤 결정에 대해서 자신이 없거나 다소 갈등을 느끼고 있는 경우에도 그럴 수 있을 것 같은 데요.

맞습니다. 대다수 사람들이 일상생활에서 알게 모르게 표리부동한 메시지를 보내곤 합니다. 예를 들어, 부모는 친구와 사이좋게 지내라고 말하면서도 자식이 싸워서 맞고 들어오면 당장 태권도를 배우라고 야단칩니다. 다음에는 때리고 들어오라는 의미겠지요. 부모가 평소에 아이에게 성적이 인생의 전부는 아니라고 말하면서도 결과가 좋지 않은 성적표를 가져오면 세상이 망한 것처럼 한숨을 내쉬는 경우가 대표적입니다. 부모는 자기도 모르는 사이에 자신의 욕망이 아이에게 전달되고 있다는 사실을 미처 인식하지 못한 것입니다. 착하게 살아야 한다고 말하지만 드라마를 볼 때 착해서 늘 당하기만 하는 주인공을 보면서 '저렇게 순해빠지니 저 모양이지'라며 혀를 찹니다. 옆에 앉아 있는 자식은 사실 부모의 이중적인 메시지를 듣는 것입니다. 그러면서 드라마가 끝나면 사람은 착하게 살아야 한다고 다시 진지하게 말합니다. 연인 사이에서 죽도록 사랑한다, 보고 싶다고 하면서 정작 만나면 상대방의 사랑을 의심하고 다그치면서 괴롭힙니다. "네가 알아서 좀 해!"라는 말도 굳이 따지자면 이중구속입니다. 상대가 하는 일이 마음에 안 들 때 이런 말을 하는 경우가 많거든요. 따라서 알아서 하라는 말은 사실 "제발 네 멋대로 하지 마!" 라는 메시지를 담고 있습니다.

그러나 이런 메시지를 너무 상습적으로 그리고 장기간 사용한다면 내적인 갈등을 해결하지 못했거나 인격에 분명한 문제가 있는 것입니다. 책임지기 싫어하고 비판받는 것을 두려워하며 적개심을 숨긴 사람은 이런 의사소통 방식이 몸에 배어 있는 경우가 많습니다. 그들은 자기의 표현 방법에 어떤 문제가 있다는 사실을 모르기도 하고 또 어떤 사람은 알면서도 절대 인정하지 않습니다. 당연히 고치지도 않겠지요. 그는 계속 그런 방식으로 살아갈 것이며 그와 마주치는 메시지 수용자도 혼란에 빠지기 때문에 수정하지 않는다면 결과적으로 모두가 불행하게 될 수 있습니다. 이런 방식으로 메시지를 전달하면 결국 이것을 적절하게 해석하는 것은 수용자의 몫입니다. 자기는 제멋대로 그냥 던져놓고 상대방이 알아서 해석하고 적절히 행동해야 하기 때문에 메시지 수용자는 굉장한 부담을 느끼게 됩니다. 게다가 말한 사람은 상대방이 어떤 방식으로 대응해도 꼬투리를 잡을 수 있습니다. 오히려 내가 말한 것은 그런 뜻이 아니었다고 화를 낼 수도 있습니다. 태도가 분명하지 않으면 결과에 따라 태도를 자기에게 상습적으로 유리한 쪽으로 바꿀 수 있다는 사실을 그들은 너무 잘 알고 있고 또 이용하는 것입니다. 빠져나갈 수 있고 변명할 수 있다는 점 이외에 상대를 당황하게 하고 그들의 행동을 계속 꼬투리 잡을 수 있다는 점에서 비겁하고 잔인한 의사소통 방식이지요.

4. 그런데 이런 사람이 의존해야 하는 부모이거나 서로 믿고 지내야 할 친구이거나 연인일 때, 또는 논문을 쓰는 학생의 지도교수나 생사여탈권을 쥔 직장 상사이면 어떻게 하지요?

그래서 사람을 미치게 하는 메시지라는 것입니다. 도망칠 수 없고 끊기도 어려울 뿐만 아니라 상대를 안 할 수도 없습니다. 믿을 수 없는 사람을 믿지 않으면 안 되는 상황에 어쩔 수 없이 처한 것이지요. 그의 모순되는 말과 행동에 자기 자신을 맞추어야만 하고, 늘 그가 던진 메시지의 의미를 안절부절못하면서 헤아려야 하고, 고민 끝에 어떤 행동을 하면 그게 아니라고 비난을 받는 상황이 몇 개월, 몇 년, 혹은 평생 지속되어야 한다고 할 때, 제정신을 유지하는 것이 오히려 신기한 일일 수도 있습니다. 그래서 베이트슨은 어쩌면 정신분열증이 이 이중구속적인 상황에서 유발되는 것일 수 있다고 주장한 것입니다. 실제로 심리적인 문제가 있는 환자와 그 가족을 관찰해보면 이런 유형의 의사소통 방식이 자주 발견됩니다. 특히, 방어기제가 잘 발달되어 있지 않고 부모에게 심각하게 의존할 수밖에 없는 아동이 일련의 상호 모순되는 명령을 반복적으로 받게 될 경우 후유증이 심각할 수 있습니다. 물론 정신분열증처럼 심각한 정신장애의 원인이 병리적인 가족의 의사소통 때문만은 아니지만, 분명히 영향을 줄 수는 있습니다. 그러나 대부분의 부적응적인 심리상태가 상당 부분 병든 가족 환경 때문이라는 것은 의심의 여지가 없습니다.

5. 가족 내에서 이런 상황에 처한 아이는 어떻게 반응하나요?

이중구속 상태가 오래 반복되면 아이는 이러지도 저러지도 못합니다. 엄마가 아이에게 사랑한다고 말하면서 냉소적인 표정을 짓는다면, 아이는 좋은 뜻을 내포한 인지적인 메시지(사랑한다)와 기대에 못 미쳐 실망하고 미워하는 정서적인 메시지(냉소적인 표정)를 동시에 받은 것입니다. 어찌해야 할 지 모르는 아이는 멀뚱하게 쳐다보다가 아주 어색한 표정으로 "나도 사랑해요"라고 대답합니다. 당황하고 불안한 아이는 자신이 현실세계에서는 적절하게 반응하면서 살아갈 수 없음을 깨닫고 대체기전으로 자신만의 특이한 가상세계를 만들기 시작합니다. 그는 그곳에 안주하는 것이 더 편안하고 안전하다고 느낍니다. 사실 아이는 어머니의 메시지를 무시하는 것처럼 보이지만 나름대로 자신만의 세계에서 통용되는 독특한 의미를 부여한 것입니다.

그런 의미에서 보면 아주 뜬금없고 부적절한 방식으로 대응한 것은 아닙니다. 아이의 이런 반응에 대해 어머니도 무표정하게 씩 웃습니다. 그리고 아무 일 없었다는 듯이 둘 사이에는 침묵이 흐릅니다. 다른 사람의 눈에는 아주 어색하고 이상하게 보이지만 그 가족은 칭찬받으면서 야단맞는 특이한 의사소통의 규칙이 생긴 것입니다. 이 아이가 자라서 나중에 직장 상사에게 야단을 맞을 경우 진지하게 상사의 얼굴을 쳐다보면서 갑자기 씩 웃을지 모릅니다. 가족에게는 통할지 모르지만 다른 사회적 장면에서는 아주 부적절한 행동입니다. 아마 기분 나쁘고 이상한 사람으로 낙인찍히겠지요. 이런 행동을 반복한다면 그 사람은 아마 배제되고 고립될 것입니다.

가족은 너무나 밀접하고 서로에게 즉각적으로 영향을 주기 때문에 그런 의사소통방식이 통합니다. 그리고 그 가족끼리는 무슨 의미인지도 직감적으로 알 수 있습니다. 가족끼리는 서로의 특이한 정신상태가 공유되는 경향이 있습니다. 그래서 가족 중에 어느 한 사람이 정신적으로 혼란스러우면 나머지 가족도 그에 맞추어 대응하기 때문에 가족 모두가 아주 이상한 대화 방식을 보이는 경우가 있습니다. 그래서 의사소통 이론가들은 모순적인 의사소통의 영향은 정신분열증 환자뿐만 아니라 나머지 가족에게로 확대되고 전염된다고 설명합니다.

부모들도 자녀의 문제 행동이나 부적응을 초래하는 병리적 가족 관계에 대한 지식이 있어야 합니다. 가족 관계의 유형은 다른 사람에게도 특정한 형태로 재현되고 반복적으로 나타납니다. 특히 부모와의 관계는 인간을 바라보는 시각에 영향을 주기 때문에 대인관계나 사회화 과정에서 파급효과가 심각합니다. 무의식적으로 내 자녀, 내 아내, 내 남편에게 이중구속 메시지를 하지는 않았는지 그리고 이러한 말투로 인해 어려움은 겪지 않았는지 살펴볼 필요가 있습니다. 투명하고 적절한 감정 표현과 긍정적인 의사소통은 다른 사람들을 편안하게도 하지만 궁극적으로는 자기 자신을 위한 것입니다.

6. 위험한 동거인 - 인질가족

1) 가족은 끊고 싶어도 끊을 수 없는 운명 공동체인데요. 가족을 생각하면 가슴이 뭉클해지지 않나요?

네, 많은 사람들이 가족을 천국의 구현이라고 말합니다. 그것은 어느 정도 맞는 말이지만 정답은 아닙니다. 가족이라는 공동체가 이상적으로 잘 기능했을 때는 정말 그럴 것입니다. 그러나 가족 기능이 정상적이지 않을 때는 지옥이 될 수도 있습니다.

제가 임상가로서 내린 결론은 모든 정신적인 문제의 가장 핵심적인 근원은 가족이라는 사실입니다. 가족을 분석해보면 그 사람의 유전적인 취약성이나 생물학적 특성을 알 수 있고, 양육방식이나 가족 상호작용에서 영향을 받는 성격구조 등도 추론할 수 있습니다. 가족은 가장 근본적인 사회 단위이기 때문에 가족간의 의사소통방식이나 역동 등은 다른 사회적인 장면에서 반복되고 재현됩니다. 가족은 bio(생물)-psycho(심리)-social(사회적) 관점이 모두 함축되어 있다는 점에서 임상적인 증상을 해석하는 가장 기본적인 정보원입니다. 가족이 위험한 것은 도망칠 수 없기 때문입니다. 다른 사람과 갈등을 일으킨다면 싸우고 안 만나면 그만이겠지만 가족은 그럴 수 없습니다. 사랑하고 증오하는 대상이 가족 중에 있을 수 있고, 미안하고 후회하는 마음이 드는 가족도 있습니다. 가족끼리는 배신하고 용서하며 다시 잘못하고 또 화해합니다. 그러면서도 끊을 수도 없고 헤어질 수도 없습니다. 그렇게 싸우면서도 없으면 불안하고, 또 눈에 보이면 서운하게 행동하는 것이 가족이지요.

2) 도망칠 수 없기 때문에 지옥이 될 수도 있다는 말이 참 마음에 와 닿는군요. 오늘 말씀해주실 인질이라는 용어도 어둡고 부정적인 느낌이 드네요.

'인질'은 임상가들이 병리적인 가족구조를 해석할 때 사용하는 용어이기도 합니다. 해묵고 숨겨진 갈등을 해결하지 않은 채 부부생활을 유지하고 있는 경우를 가정해 보겠습니다. 이런 부부는 자식 때문에 이혼하는 것이 여의치 않을 수 있습니다. 어쩌면 이혼하는 것까지는 바라지 않는 것일 수 있고요. 합리적이고 이성적으로 두 사람의 문제를 해결하기에 부부는 각자 너무 멀리 와 버린 상태일 수도 있습니다. 이런 경우 바로 자식이 부모의' 인질'이 될 수 있습니다.
세상에서 가장 어리석은 사람은 자기 부인을 때리는 남자입니다. 때려서는 결코 부인을 통제하거나 지배할 수 없습니다. 아내를 자기 마음대로 좌지우지하는 기가 막힌 방법이 있다면 대부분의 남편들이 귀가 솔깃하겠지만 아쉽게도 그런 방법은 없습니다. 만약 남편이 때린다면 힘이 없는 아내들은 대항하다가 맞겠지요. 이런 남편이 밖에 나가고 나면, 억울하고 화가 난 아내는 가만히 있지 않습니다. 분통을 터뜨리면서 아이들을 불러 앉힙니다. 적극적으로 남편을 비방하고 흉을 보거나 아니면 한숨을 쉬면서 신세한탄을 할지도 모릅니다. 아이는 아버지의 약점을 노골적으로 듣고 아버지의 인격을 의심하게 됩니다. 이런 경우 부인은 아들에게는 아버지처럼 살지 말라고 다짐을 받고, 딸에게는 남자를 잘 만나야 한다며 절대 아버지 같은 남자와는 결혼하지 말라고 신신당부 합니다. 눈물로 호소하는 엄마를 보면서 자식들은 모두 엄마 편이 됩니다. 그러면 자식들은 퇴근해서 귀가한 아버지를 외면합니다. 아이들은 아버지를 더 이상 존경하지 않으며 엄마와 정서적으로 똘똘 뭉쳐 아버지를 배제하는 역동이 발생합니다. 결국 아버지 대 나머지 가족의 대결구도가 생긴 것이지요. 그래서 폭력을 사용하는 아버지는 결국 가족들에게 왕따 당하는 신세가 될 수 있습니다.

자식은 일차적으로 약자인 어머니의 입장에 동조하게 되어 있습니다. 또한 어머니와 의사소통하는 시간이 절대적으로 더 길기 때문에 어머니의 생각이 아이에게 반복적으로 주입되기 쉽습니다. 어머니는 갈등이 생겼을 때 자신을 옹호하는 지지자를 확보하기 위해서라도 자식들을 자기편으로 반드시 끌어들여야 합니다. 그래서 많은 경우 어머니가 자식을 인질로 잡습니다. 한국 문화에서는 딸보다는 아들 특히 장남이 인질로서의 가치가 가장 큽니다. 아무래도 아직은 장남이 암묵적인 권위를 가지고 있으니까요. 큰아들이 점점 자라면서 엄마를 지지하고 아버지를 견제하면, 아버지도 조금씩 장남의 눈치를 보게 되어 있습니다. 아들 때문에 아내를 함부로 대하지 못하는 경우도 있고요. 어머니의 가족 내 위상이 확보되는 것이지요. 첫 아이여서 그렇기도 하겠지만 한국의 어머니는 심리적으로 장남을 포기하기가 어렵습니다. 폭력적인 상황뿐만 아니라 부부갈등이 숨겨진 채 지속되는 경우, 경제적인 무능과 의존 등으로 자기편과 지지자가 절실한 약자가 자식을 인질로 잡는 현상이 생기곤 합니다. 대부분 어머니가 그런 일을 하지요.

3) 약자인 어머니가 강자인 아버지에게 대항하기 위해 자식을 인질로 잡는다는 말씀이신데요. 그러면 인질이 되는 자식은 어떤 심리적인 상태가 되나요?

결론부터 말하면 슬픈 일입니다. 우선 연령대에 따라 조금 다른 양상을 보입니다. 어린 아이일 경우에는 이름 그대로 인질의 역할을 충실히 합니다. 기본적으로 엄마는 지속적으로 자기편을 만들기 위해 아이가 원하는 모든 것을 들어줍니다. 아이도 엄마 편을 들고 엄마 말만 잘 들으면 얻는 것이 아주 많기 때문에 어머니에게서 도망가거나 벗어날 필요가 없습니다. 서로 의존하고 필요로 하는 상태가 된 것이지요. 그러나 청소년기에 이르면 양상이 조금 달라집니다. 당연히 엄마 편을 들고 엄마를 지지해야만 하는 아들이 이제는 무관심하고 모른 척합니다. 엄마 아빠가 또 싸우거나 긴장상태에 들어가면 이번에는 아들이 차라리 이혼을 하라거나 나가서 싸우라고 소리를 지릅니다. 자기 방문을 잠그고 나오지도 않습니다. 엄마는 당황하고, 부부는 싸울 맛이 딱 떨어집니다. 소리를 지르고 싸우면 말리고 매달려야 하는데, 오히려 아들이 냉정하게 이혼하고 끝내라고 말하니 그럴 수밖에요. 그러나 이것은 아들의 잘못이 아닙니다.
부모가 싸우면 자녀의 마음속에는 우주전쟁이 일어납니다.
자기를 낳아준 가장 소중한 사람들이 무서운 표정으로 서로 소리를 지르고 부수는 장면은 너무나 충격적인 경험입니다. 이것은 당해보지 않은 사람은 모릅니다. 아주 어릴 때는 부모의 싸움과 갈등에 자기도 모르게 끌려들어갑니다. 부모가 이혼하지 않는 것과 특히 어머니가 살아가는 이유가 자기 때문이라고 믿기 때문입니다. 결국 자신이 가족을 지탱하는 중요한 역할을 하기 때문에 빠져나갈 수가 없다고 생각합니다. 그러나 이런 정서적인 침투상황을 계속 견디는 것이 너무 힘들기 때문에 시간이 지나면서 자녀도 소위 방어기제가 생깁니다. 일단 자기도 살아야 하니까요. 그래서 주로 고립(isolation)과 분리(detachment)라는 기제를 동원합니다. 자기만의 세계에 숨어 방어벽을 치거나 이 상황이 나와는 관련이 없는 것처럼 거리를 두는 것입니다. 더 이상 부모 일을 자기와 결부시키기조차 싫어합니다. 냉정하고 무관심하게 변하는 것입니다.

4) 아이가 그런 행동을 하면 더 이상 인질이 아닌 셈이니 우선 엄마가 서운하고 억울하지 않을까요?

어머니의 입장에서는 그럴 수 있겠지요. 그러나 그보다 더 심각한 일이 벌어질 수도 있습니다. 자식은 이런 불안정하고 열악한 가정환경에 대해 비관하면서 강자인 아버지에게 분노를 퍼붓는 것보다 약자인 어머니에게 자신의 화를 터뜨리는 것이 더 안전하다고 느낄 수 있습니다. 자식의 입장에서는 아버지를 미워해 보았자 관계를 끊을 수도 없고 또 불효하는 것입니다. 아버지를 증오하면서도 어머니를 도와줄 수 없다는 죄책감으로 괴로운 심리상태에 직면하게 됩니다. 결국 아버지를 인정하고 수용하면 일단은 아버지를 미워할 필요가 없습니다. 이 과정에서 아버지의 행동을 내면화하고 자기도 아버지와 유사한 사고방식을 보이며 동일한 결론을 내립니다. 결과적으로 아버지와 자기의 행동이 합리화되면서 어머니가 그런 처지에 놓인 것이 당연하다고 생각합니다. 어머니의 행동에도 상당한 문제가 있기 때문에 자기가 도와주어서 해결될 상황이 아니고 결국 어머니 스스로 풀어야 할 문제라고 결론을 내리는 것이지요. 자신은 더 이상 죄책감을 느낄 필요가 없어집니다. 이렇게 되면 혼란스러운 심리 상태를 탈피할 수 있습니다. 증오하고 미워하지만 그 대상을 떠날 수 없을 경우 차라리 그를 닮고 인정하면 괴로운 자기의 심리 상태를 벗어날 수 있습니다. 그래서 관계를 끊기 어려운 어떤 사람을 미워하고 증오할수록 자기도 결국 그 사람을 닮아가는 것입니다. 전형적인 예는 셰익스피어의 희곡「 멕베스」에서 보였던 주인공의 심리상태입니다. 상황이 개선되지 않고 장기간 반복되면 이러한 혼란스럽고 양가적인 심리상태는 아이의 전형적인 성격특성으로 고착될 수 있습니다.

이런 아이는 성인이 되어서 부모에게 효도하기 어렵습니다. 일단 고립되고 분리되어 성격적으로 냉정하게 변한 아이는 부모의 정서적인 고통이나 경제적인 어려움에 대해 크게 동요하지 않습니다. 오랫동안 거리를 두는 특성이 고착되었기 때문에 부모에게 감정이입이 잘 안됩니다. 담담하고 초연한 듯 부모를 대할지 모릅니다. 부모는 차가운 자식이 못내 서운하고 배신감이 느껴지겠지만 따지고 보면 아이의 잘못만은 아닙니다. 결국 부모가 싸우고 지속적으로 갈등을 일으키면, 본인뿐만 아니라 특히 자식들에게 수많은 심리적인 후유증을 남깁니다. 그래서 가족 이야기는 비극이 많은 것입니다.

7. 성장의 용수철 - 컴플렉스

1) 컴플렉스(complex)라는 말은 일상생활에서 참 많이 사용하는 개념인데, 일반적으로 열등감과 관련이 있지 않나요?

컴플렉스란 용어는 '감정이 동반되는 관념복합체'라고 정의되는데 심리학자마다 그 용법과 의미를 조금씩 다르게 사용합니다. 이 개념을 아주 중요하게 생각했던 C. G. 융은 이것을 '무의식 속에 강렬한 감정을 동반하는 이미지'로 파악했습니다. 일반적으로 컴플렉스란 우리 사고의 흐름을 훼방 놓고, 당황하게 하거나, 목매이게 하는 마음속의 어떤 것들입니다. 따라서 이것은 열등감을 일으키기도 하고 열등감 때문에 생겨나기도 하지만 열등감 그 자체를 의미하는 용어가 아닙니다. 열등감(inferiority feeling)이 없는 사람은 없습니다. 열등감을 잘 극복하고 성장의 동력으로 삼는 사람은 분명 성공적인 인생을 살 수 있을 것입니다. 그러나 이것 때문에 자신을 부적당하게 느끼고 괴로워하면서 일상생활에도 문제가 생겼다면 열등 컴플렉스(inferiority complex)에 시달리는 것입니다.

2. 열등감과 열등 콤플렉스는 의미가 조금 다르군요.(그렇습니다). 누구나 있는 열등감이 심해져서 잘 극복을 못하면 열등 컴플렉스가 되는군요? (맞습니다). 컴플렉스는 어떤 과정에서 생기는 것인가요?

컴플렉스는 강한 정서 가를 가지고 있는 하나의 핵심 요소를 중심으로 형성됩니다. 이 핵심에 부합하는 몇 가지 내용을 중심으로 성격이 형성되고 이것과 연결되는 여러 가지 심리적인 내용들을 응집시키고 배열하는 과정에서 컴플렉스가 형성됩니다. 예를 들면, 못 배웠거나 학력에 대한 열등감(핵)이 있는 사람은 이에 관련되는 '무식함', 이해하지 못함', "무시 받음'등의 심리적인 특징을 배열하여 응어리를 형성합니다. 이것이 억압되어 있다가 이후 이를 촉발(또는 상기)시킬 수 있는 상황에서 강렬한 감정과 함께 부자연스럽고 특이한 행동을 일으키는 것입니다.

사람들은 저마다 파란만장하고 다양한 인생사를 호소하지만 사실 그 사람의 문제는 아주 핵심적인 한 두 가지에 집중되는 경우가 많습니다. 소위 그 사람 나름대로의 주제(thema)가 있는 것이지요. 인생을 살면서 풀지 못하고 맺힌 문제들은 응어리로 자리 잡습니다. 이후 이 마음의 덩어리가 나이가 들면서 생기는 다양한 사회적인 과제들과 결합되는 것입니다. 그래서 얼핏 보면 모두 다른 문제인 것 같지만 핵심은 사실 하나입니다. 이것을 해결하지 않고 내버려두면 그냥 덮이는 것 같이 보이기도 합니다. 그러나 다시 유사한 상황에 직면하게 되면 그 상황에 부합하는 형태로 변형되어 또 그를 괴롭힙니다. 그 사람이 콤플렉스를 가지고 있는 것이 아니라 콤플렉스가 그 사람을 잡고 있다는 표현이 맞을 것입니다.

3) 컴플렉스를 해결하기 위해서는 맺혀 있는 자신의 응어리나 풀지 못한 인생의 숙제들을 우선 인식하고 이해하는 것이 중요하겠네요?

네, 아주 중요한 지적입니다. 컴플렉스는 강박적으로 무슨 생각을 하게하거나 어떤 행동을 하지 않을 수 없게 만듭니다. 또한 무엇을 두려워하게 하는 역할도 합니다. 컴플렉스는 일상적인 심리 현상에서부터 정신 병리적인 현상에 이르기까지 여러 가지 형태로 나타날 수 있습니다. 대표적인 현상이 소위 말하는 노이로제 증상입니다. 컴플렉스가 노이로제나 그 밖의 병적인 증상을 일으키는 것은 컴플렉스 자체가 병적이기 때문이 아니라 그 존재를 인정하지 않거나 억누르려고만 하기 때문입니다. 말씀 드린 바 있듯이, 컴플렉스란 정신현상을 연결 짓고 갈등을 일으키게 하고, 또한 정신에 생기를 부여하는 매듭과 같은 것입니다. 자신의 심리적 상태나 인생의 목표 등을 바람직한 방향으로 재조정하기 위해서는 컴플렉스를 인정하고 또 이것을 활용하는 것이 좋습니다. 숨기고 억압하고 아닌 척 하면 오히려 여러 가지 심리적 혹은 신체적인 문제가 생길 수 있습니다.

4) 행복하고 건강하기 위해서는 컴플렉스가 자신에게 어떤 영향을 끼쳐왔는지를 잘 분석해야 하겠네요.(그렇습니다). 억압하고 인정하지 않으려고 한다면 스스로는 알기 어려울 것 같은데,,, 반드시 치료자의 도움을 받아야 하나요? 자신의 컴플렉스를 알아낼 수 있는 방법이 있나요?

물론 심리학자나 정신과 의사의 도움을 받으면 더 좋겠지만 자신을 반복적으로 성찰하고, 또 스스로에게 솔직하면 누구나 알아낼 수 있습니다. 분석 심리학자인 융은 단어연상검사를 통해 컴플렉스를 알아냈습니다. 이 검사는 정해진 백 개의 간단한 단어목록으로 이루어져 있습니다. 검사자는 피검자에게 "지금부터 말하는 단어에서 연상되는 단어를 가능한 한 빨리 말해 주십시오" 라고 요구합니다. 그리고 피험자가 대답한 단어와 시간을 기록하고 이것을 처음 단어부터 한 차례 더 반복 실시합니다. 이 검사에서 피험자는 특정한 단어에서 대답이 더디거나 특이한 반응이 반복되는 경우가 있습니다. 어떤 단어에 아주 자세히 집착을 보이기도 합니다. 이후 에 이 단어들을 조사해 보면, 어떤 연관성이 있음을 파악할 수 있습니다. 이 사람의 특이한 단어 연상의 배후에는 어떤 핵심적인 감정의 응어리가 맺혀 있는 것을 알 수 있습니다. 이렇게 해서 떠오른 것을 분석하는 것입니다. 인간의 마음에 잠재되어 있고, 무의식에 갇혀 있는 콤플렉스가 그 개인의 심리 상태와 인생에 어떤 방식으로 영향을 끼쳐왔는가를 알아내는 것이지요.

5) 자신의 컴플렉스를 인정하고 이해하면, 오히려 창조적인 에너지로 활용할 수 있겠네요? (그렇습니다. 컴플렉스에 지배되어 열등감에 허덕이지 않기 위해서는 그것을 의식하고 도약의 발판으로 삼아야 합니다. 그런 의미에서 컴플렉스는 성장의 용수철입니다). **컴플렉스가 긍정적으로 작용하는 예를 소개해 주시지요?**

널리 알려진 오이디푸스 컴플렉스(Oedipus complex)는 콤플렉스가 긍정적이고 창의적인 방식으로 작용하는 대표적인 경우입니다. 오이디푸스 콤플렉스는 남자 아이가 어머니에게 느끼는 근친상간적인 성적 욕망을 지칭합니다. 인생의 근원이자 우리가 꿈꾸는 궁극적인 어머니에 대한 갈망이 성적으로 표현된 것이지요. 그런데 근친상간(incest)는 인류가 가장 오랫동안 금기시했던 주제입니다. 도덕적으로 용납하기 어려운 압력이지요. 따라서 어머니를 포기하고 아버지를 기준으로 삼는 소위 동일시(identification)과정을 거칩니다. 동성의 부모인 아버지는 육신의 아버지라기보다는 기성 사회의 질서와 가치관을 대변하는 인물입니다. 그러므로 아버지를 닮고 이를 극복하려는 과정에서 사회적 인간으로 거듭나게 됩니다. 이것은 또 다른 남자이자 제 2의 아버지가 되는 과정입니다. 근친상간에 대한 도덕적인 예민성으로 갈등하면서 그 아들은 사회화된 것입니다. 아버지와 바람직한 측면에서 경쟁하고 결국 아버지보다 더 나은 인간이자 남자가 된다면 궁극적으로 자식이 자신보다 잘되기를 바라는 아버지의 절실한 욕망이 실현된 것입니다. 결국 오이디푸스 컴플렉스가 동일시

과정으로 극복되면서 더 긍정적이고 바람직한 결과가 도출된 것입니다.

6) 아들이 어머니에게 느끼는 오이디푸스 컴플렉스가 동일시로 극복되면서 더 유능한 남자로 소위 '업 그레이드(upgrade)' 되는군요. 한때 신데렐라 컴플렉스라는 용어도 잘 알려져 있었는데요.

미국의 저널리스트 콜레트 다울링(Colette Dowling)이 제안한 개념입니다. 그녀는 이것을 본인 스스로는 자립할 수 없는 여성이 '백마 탄' 왕자님이 나타나서 자신의 인생을 변화시켜 주기를 바라는 심리라고 정의하였습니다. 이런 부류의 여성들은 의존적이고 비현실적인 환상을 가지고 있습니다. 게다가 이미 오랜 세월 동안 누적되어 온 여성에 대한 억압과 차별의 벽을 오히려 자신을 감싸주는 보호막으로 착각하는 경향이 있습니다. 이들은 자립과 독립에서 수반되는 긴장과 의무를 감내하기 보다는 의존과 순종을 택합니다. 싸우면서 스트레스를 받기 보다는 자신의 권리를 제한하는 것이 오히려 더 편하다고 느낍니다. 그렇게 되면 동화 속의 신데렐라처럼 자기의 인생을 뒤바꿔줄 왕자를 기다리면서 꿈을 깨지 못하는 것입니다. 자신을 위해 책임져 주는 그 백마 탄 왕자님의 배경 뒤에 영원히 안주하기를 원하기 때문에 결혼이 인생의 승부수라고 확신하곤 합니다.

다울링은 많은 여자들이 자신은 그런 여자가 아니라고 부정하지만 실제로는 이런 심리상태가 아주 흔하다는 것을 지적한 바 있습니다. 그녀는 이것을 여성의 창의성과 의욕을 포기하게 만드는 일종의 고착된 심리 상태라고 보았습니다. 그녀는 여성의 의존성, 두려움, 열등감, 결혼에 대한 경제적이고 정서적 집착과 무기력증, 그리고 취업이나 자신의 일에 대한 회의와 공포심 등이 이 컴플렉스로 인해 초래된 것이라고 설명한 바 있습니다. 일전에 언급한 바 있듯이, 현재의 여성들은 알파걸(Alpha girl) 시대에 살고 있습니다. 아마 자신감으로 무장한 알파걸들은 새롭고도 긍정적인 사회적 해법을 찾아낼 것입니다. 아니면 사회의 장벽과 쓴맛을 보면서 결국에는 신데렐라처럼 결혼뿐이라는 케케묵은 결론에 도달할지도 모르지요. 아마 한 세대 정도가 지나면 그 결과가 확인될 것입니다. 저도 어떻게 될지 참 궁금하군요.

8. 기억의 장난 - 거짓기억증후군

1) 기억이 정확하지 않고 임의적이라는 말씀이신가요?

우선 질문하나 하겠습니다. 여러분은 지금도 생생히 기억하는 과거의 장면이나 사건이 있나요? 그 기억이 정말 정확한가요? 기억력이 좋은 사람들은 자신 있게 정확하다고 말하는 경우도 있지만 기억은 기본적으로 정확하지 않습니다. 우리는 기억을 단순히 과거에 경험한 사건을 머리 속 에 담아두었다가 필요할 때 재생해내는 작업으로 생각하기 쉽지만 실제로는 훨씬 광범위한 정신활동입니다.

인간은 입력된 정보에 추론 내용을 더해서 함께 인출해냅니다. 사람들은 자신이 기억해낸 내용이 경험한 사실 그대로일 것이라고 믿는 경우가 많습니다. 그러나 기억해낸 결과는 우리가 직접 경험하지 않은 것일 수 있습니다. 추론한 내용이 덧붙여져 있거나 자신도 모르는 의도에 의해 왜곡된 경우도 많습니다. 이러한 현상을 구성적 기억이라고 하는데, 심리학자들은 기억의 구성적 특성과 오 기억(틀린 기억)현상을 다양한 방법으로 연구해왔습니다.

2) 객관적 정보가 입력되어도 우리의 주관적인 추론으로 통합하여 재해석하기 때문에 그 정보가 왜곡되는 경우가 많겠군요. 또 그것을 진짜라고 생각한다는 말씀이신데, 믿고 싶은 것만 믿게 되는 것과 유사하군요.

그렇습니다. 말로 규정하면서 즉, 언어적 명칭에 의해 기억이 왜곡될 수 있음을 밝힌 고전적 연구(Carmichael, Hogan, & Walter, 1932)부터 소개해 드리겠습니다. 이 실험에서는 참가자에게 여러 개의 그림을 하나씩 보여주면서 "이 그림은 …을 닮았다"라고 이야기해준 다음, 그림을 정확히 기억하도록 요구하였습니다. 연구자는 어떤 참가자에게는 '안경'을 닮았다고 이야기해주고 다른 참가자에게는 '덤벨'을 닮았다고 이야기해주었습니다. 그러자 이러한 언어적 명칭이 그림의 기억에 영향을 끼치는 것이 확인되었습니다. 즉, 실제 그림 그 자체를 기억하는 것이 아니라 안경이라고 들은 사람은 안경과 비슷한 형태로 기억해냈고, 덤벨이라고 들은 사람은 덤벨과 비슷한 형태로 기억해냈습니다. 명칭으로 기억의 틀을 제한하자 회상의 객관성이 크게 저하된 것입니다.

우리는 경험을 기억할 때 떠오르지 않는 부분을 채우기 위하여 기억을 변경하거나 심지어는 있지도 않은 기억을 떠올리기도 합니다. 이에 관한 몇 가지 실험도 있습니다. 이 실험에서는 150명의 학생에게 5중 연쇄충돌 사고 필름을 보여주었습니다. 이후 첫

번째 집단(75명)에게는 "멈춤 신호일 때 자동차가 얼마나 빨리 지나갔는가? 라고 물었고, 두 번째 집단(75명)에게 "불이 바뀌었을 때 자동차가 얼마나 빨리 지나갔는가? 라고 물었습니다. 그 결과 첫 번째 집단에서는 53%의 사람들이 자동차 운전자가 멈춤 신호를 보았다고 말했고, 두 번째 집단에서는 단지 35%의 사람들만이 자동차 운전자가 멈춤 신호를 보았다고 주장했습니다.

또 다른 실험에서 연구자는 차가 충돌 사고가 난 필름을 보여주면서 "차가 산산 조각이 났을 때(smash) 시속 몇 키로 미터로 달린 것 같습니까?" 라고 물었고 또 다른 참가자들에게는 "차가 부딪혔을 때(hit) 몇 키로 미터로 달린 것 같습니까?" 라고 질문했습니다. 필름을 본 사람들은 "산산 조각이 났을 때"라는 언급이 있었을 때는 차가 100킬로 미터이상으로 달렸다고 말했습니다. 그리고 "부딪혔을 때" 라는 언급이 있었을 때는 60 킬로미터 정도로 달렸던 것 같다고 차의 속도를 추정하였습니다. 그 차의 실제 속도는 80킬로 미터였습니다. 단어의 뉘앙스가 실제 정보를 과장 또는 축소시킨 것입니다. 일주일 후 다시 사고 당시 유리창이 깨졌는지 여부를 질문하였습니다. "산산 조각이 났을 때" 라는 언급이 있었던 조건에서 깨진 유리창을 보았다고 대답한 참가자들이 훨씬 더 많았습니다. 그러나 실제 비디오필름에서는 자동차의 유리창이 깨지지 않았습니다.

3) 단어 하나가 사실을 크게 왜곡하는군요. 말씀을 듣다보니 말의 효과나 파급 효과가 클 수 있는 법정이나 수사 장면 등에서 목격자가 증언하는 말도 다 믿으면 안 될 것 같은데요.

아주 중요한 지적입니다. 유도심문에 의해 목격자의 증언이나 기억이 왜곡될 가능성이 분명 있습니다. 일전에 정서적으로 흥분하면 입력된 정보가 순서대로 처리되지 않는다는 말씀을 드린 적이 있는데요. 사고 장면은 목격자에게도 매우 흥분된 감정을 불러일으키는 사건입니다. 그래서 그 순간을 떠올릴 때 기억이나 해석에 오류가 있을 수 있습니다.

사람들 중 약 3분의 1은 허위기억을 주입하면 전혀 겪은 일이 없는데도 경험을 했다고 믿습니다. 기억 왜곡분야의 저명한 심리학자인 로프터스 박사는 경찰 수사관이 암시나 거짓말을 통해 혐의자에게 하지도 않는 범행을 자백하게 할 수도 있다고 주장 한 바 있습니다. 그래서 심문하는 사람은 피의자의 마음에 어떤 암시를 주는 일이 없도록 주의해야 합니다. 로프터스 박사는 대학생들에게 디즈니랜드와는 아무 관계없는 워너브라더스사의 만화영화 주인공 벅스 바니(토끼)를 선전하는 디즈니랜드 광고를 보여주었습니다. 그런 다음 어렸을 적 디즈니랜드에 갔던 기억들에 관해 질문 했습니다. 그러자 이들 중 36%가 디즈니랜드에서 벅스 바니를 만났다고 대답했습니다. 상당수가 디즈니랜드에서 벅스 바니를 쓰다듬었다든가, 포옹을 했다고 기억했습니다. 있을 수도 없는 경험을 자세히 이야기 한 셈이지요.

로프터스 박사는 용의자들을 여러 명 세워놓고 목격자로 하여금 범인을 찾아내도록 하는 정렬검사 실험도 그 증거로 제시하였습니다. 정렬검사에서 목격자는 흔히 진범을 찾아내야 한다는 심리적 압박감을 느낍니다. 그리고 서 있는 용의자들 가운데 범인이 있을 것이라는 예상합니다. 그는 이 조건들을 조작할 경우 목격자가 엉뚱한 사람을 범인으로 오인하는 것을 확인하였습니다. 특히 유력한 용의자들의 사진을 미리 보고서 정렬검사를 하는 경우에 목격자들은 사진에서 본 사람을 범인으로 확신하는 경향이 많았습니다.

4) 잘못하면 범인으로 몰려서 억울한 누명을 쓸 수도 있겠군요.

사회적으로 크게 보도된 내용을 토대로 증인들이 기억을 재구성하는 경우도 많습니다. 로푸터스 박사는 이를 거짓기억증후군(false memory syndrome)라고 불렀습니다. 자신의 기억을 정말 믿고 있다는 점에서 의도적인 것은 아닙니다. 그래서 심리학자들은 목격자 증언의 신뢰성을 높이기 위한 다양한 방안들을 연구해왔습니다. 현재 서구 사회에서는 이러한 방안들이 사법절차에 실제로 적용되고 있습니다. 예를 들어, 목격자 증언 채취과정에서 유도심문을 피하도록 개방형 질문을 하도록 권장합니다. 사건과 직접 관련되지 않은 전반적 상황까지 상세하게 기억 내도록 요구하면 기억의 왜곡 가능성이 크게 감소합니다. 정렬검사 전에 용의자들 가운데 진범이 없을 수 있다는 점을 미리 경고하면 기억의 왜곡이 줄어듭니다. 그리고 정렬검사에서 용의자들을 한꺼번에 등장시키지 않고 한 번에 한 명씩만 등장시키는 절차 역시 오인 가능성을 감소시키는 것으로 알려져 있습니다.

5) 말씀을 듣다보니 최면 같은 것으로 어떤 사실을 기억하게 하는 것도 정확하지 않을 것 같아요. 그렇게 믿게끔 말로 반복적으로 암시하는 효과 아닌가요?

맞습니다. 아주 정확하게 지적하셨습니다. 최면 역시 기억을 왜곡시키는 절차가 될 수 있습니다. 최면 상태는 주위의 자극을 잘 받아들이는 무방비 상태라고 말 할 수 있습니다. 이른 바 피 암시성이 매우 강해진 상태이지요. 이 상황에서 최면술사가 제공하는 사소한 단서도 기억의 왜곡을 일으킬 수 있습니다. 나중에 혹시 말씀 드릴 기회가 있을지 모르지만 최면의 절차는 특정 감각을 민감하게 초점화 시킨 후 곧 이어서 이 감각을 마비시키는 것입니다. 최면에 걸리지 않은 상태에서도 최면감수성이 큰 사람은 암시에 의해 기억왜곡을 일으키는 경우가 많습니다. 최근에 범죄수사에 최면을 이용하는 경우가 있는데 보다 신중을 기할 필요가 있습니다. 특히, 아동이나 자존심이 낮은 사람은 피 암시성이 높다고 알려져 있습니다. 그래서 최면으로 특정한 증언이 유도될 가능성이 있습니다.

6. 기억이 정확한지 아닌지를 알 수 있는 방법이 있으면 소개해 주시지요.

역시 해답은 과학입니다. 뇌 신경학적으로 정확한 기억과 왜곡된 기억을 구분할 수 있습니다. 뇌파(EEG)의 일종인 사건유관전위(ERP)에서 이것을 확인할 수 있습니다. 학습한 것을 정확하게 판단한 경우(정확재인)에는 학습하지 않은 것을 학습한 것으로 잘못 판단한 경우(오재인)에 비해 P300(자극제시 후 약 0.25초부터 0.6초 사이에 나타나는 뇌파상의 정적 정점)성분이 늦게 발생합니다(Miller, Baratta, Wyneen & Rosenfeld, 2001). 뇌영상기법(MRI)에서도 기억과 관련된 해부학적 위치를 알아낼 수 있습니다. 학습했던 정보에 대한 정확재인의 경우 학습했던 정보를 기억해내지 못하는 오재인에 비해 전두엽과 해마가 더 크게 활성화됩니다(Otten, Henson, & Rugg, 2001). 그러나 학습과 기억에 관여하는 뇌 부위와 그 활성화 과정은 단순하지 않습니다. 학습에 따른 뇌 활동은 학습자의 개인적인 특성, 자극의 유형(시각적/청각적 자극, 언어/그림자극 등), 학습 당시의 신체상태, 그리고 기억검사의 유형에 따라 달라집니다. 그래서 이러한 세부적인 조건에 따라 해석을 달리해야 합니다.

9. 욕망의 곁눈질 - 관음증

1) 인기 있는 TV오락 프로뿐만 아니라 인터넷 매체에서도 몰래카메라를 이용한 UCC 등이 자주 등장하는 데요. 사람들은 왜 그렇게 소위 말하는 몰카를 좋아할까요?

몰래카메라(candid camera)는 원래 미국의 사회 심리학자인 Allen Funt가 처음 사용한 것입니다. 그는 사회적 상황의 힘이 개인의 고유한 특성보다 더 강력한 영향을 발휘한다는 것을 입증하기 위해 비밀리에 카메라를 설치하였습니다. 암묵적인 사회적인 규칙이 어떻게 인간의 행동을 통제하는가를 확인하기 위해서였습니다. 이를 통해 그는 규칙을 따르게 하는 미묘한 상황적 압력을 증명하였습니다. 예를 들어, 모든 사람들이 비밀리에 합의하여 엘리베이터에서 문을 등지고 돌아서 있으면 새로 타는 관찰대상자도 머뭇거리다가 똑 같은 행동을 하는 식입니다.

최근의 몰래카메라는 상황적 영향을 고찰하는 기존의 목적에서 벗어나 있는 듯합니다. 관찰자가 느끼는 심리적인 효과에만 초점이 맞추어져 있거든요. 우리는 사회 규칙에 암묵적으로 동의한 채 살아가고 있습니다. 우리는 사람들이 상황이 약간만 바뀌어도 바보스럽고 불합리하게 행동하는 것을 보면서 웃습니다. 자신은 그러지 않을 것이라고 생각하거나 나는 그들과 다른 사람이라는 차별화된 인식을 갖습니다. 몰래카메라는 우스꽝스럽고 바보 같은 다른 사람들에 비해 자신은 잘 통제되고 세련된 사람이라는 느낌을 줍니다. 상대적인 우월감을 누리는 것이지요.

2) 일전에 어떤 여자 연예인의 은밀한 성생활이 몰래카메라로 찍혀서 유포된 적이 있었지요. 사회적으로도 큰 파장이 있었는데요, 성행위를 몰래카메라로 보는 것은 어떤 심리일까요?

우선 저는 연예인을 공인이라고 생각하지 않습니다. 연예인들은 자신이 공인으로서 모범을 보이지 못했다거나 물의를 일으켜 죄송하다고 말하는데 왜 그런 말을 하는지 모르겠습니다. 논란이 있는 개념이지만 공인은 노출된(open) 사람이라는 뜻보다는 공공의 이익을 위해 봉사하는 public의 개념에 가깝습니다. 연예인들은 공무원이 아닙니다. 자신의 개인적인 인기와 명예를 위해 일하는 것이고 돈도 많이 법니다. 소득 경로를 법적으로 분류해도 공인의 개념을 적용하기가 어렵다고 합니다. 세금도 개인사업소득세를 내더군요. 연예인들이 자신을 공인이라고 생각한다면 자기의 위상을 스스로 과대평가한 것이거나 착각에서 비롯된 것입니다. 공인이라면 공무원처럼 신분을 보호해 주어야 하지만 실제로 대중은 연예인을 보호하지 않습니다. 오히려 가혹하게 대하곤 하지요. 그들의 은밀한 사생활을 들추어 나락으로 떨어뜨리는 경우도 많습니다. 연예인은 기본적으로 자신의 부와 인기를 위해 일하고 대중은 그를 보호해주지 않는다는 점에서 분명히 공인은 아닙니다.

여자 연예인의 성생활을 몰래카메라로 보면서 대중들은 특이한 심리 상태가 됩니다. 연예인은 스타입니다. 현대의 신이자 문화 권력자입니다. 많은 사람들이 연예인을 동경합니다. 그러나 진짜 바라는 것은 자신이 그렇게 주목받고 동경의 대상이 되는 것입니다. 안타깝게도 자신은 그렇게 될 수 없는 형편입니다. 연예인에게 열광하는 심리에는 동일시가 있고, 그 이면에는 공격성이 있습니다. 스스로가 그런 숭배의 대상이 될 수 없으니 일단 그럴 가능성이 있는 연예인의 열렬한 팬이 되는 것입니다. 그를 밀어주고 그와 동일시하면서 그가 이루는 성취를 나의 것인 양 뿌듯해하는 것이지요. 그 연예인이 무슨 상이라도 받으면 내가 받은 것이나 다름없이 감격해 합니다. 이것은 아쉽지만 그럭저럭 쓸모 있는 방법입니다.

연예인에 대한 우호적 태도는 의아스러울 정도로 쉽게 변합니다. 스캔들이 있거나 소위 잘 나가지 못하면 애정이 싸늘하게 식곤 합니다. 병역기피로 물의를 일으켰던 가수 유 모 군을 생각하면 쉽게 이해가 될 것입니다. 하늘을 찌르던 인기가 있었건만 지금은 아무도 그를 이야기하지 않습니다. 아예 입국도 못 하게 하더군요. 대중은 또 다른 후보자를 물색하면 그만입니다. 다행히도 그런 대상자들은 줄을 서 있습니다. 연예인과 같은 대단한 존재를 순식간에 죽이고 살리는 힘이 대중에게 있습니다. 연예인을 정상에 올려놓고 동일시로 쾌감을 느끼고는 이내 그를 배신하고 몰락시킵니다. 이런 공격성을 통해 권력감과 힘에 대한 느낌을 극대화하는 것입니다.

성행위는 아무도 모르는 은밀한 개인의 사생활입니다. 몰래카메라를 통해 아무도 모르는 것을 엿보는 것입니다. 이것은 흡사 신이 된 듯 한 느낌을 줄 수 있습니다. 전지전능한 관찰자의 권력감을 만끽하는 것이지요. 얼마 전에 문제가 되었던 댄스가수 백모 양의 비디오 사건을 생각해 보십시오. 그 대상자는 일반인은 감히 가까이 가지도 못했던 인기 있는 여자 스타였습니다. 그를 사회적으로 매장함으로써 공격성과 힘을 확인합니다. 그리고 몰락했던 그 여자 연예인을 몇 년 만에 다시 정상으로 올려놓는 관대함과 자비로움으로 또 한 번 힘이 있는 자의 본때를 보여주었습니다. 연예인들은 대중에게 심리적인 쾌감과 힘에 대한 느낌을 제공하는 대가로 부를 축적합니다. 대중과 일종의 계약을 맺은 셈이지요.

3) 몰래카메라로 다른 사람의 은밀한 사생활을 엿보기 좋아하는 사람들은 관음증으로 발전할 수도 있겠네요?

S. 프로이드는 자신의 관찰 행위를 숨기면서 성적 쾌락을 느끼는 것을 관음증(Voyeurism)이라고 정의하였습니다. 엿보기 심리(peeping)에서 출발하는 관음증은 기본적으로 약자가 하는 행동입니다. 훔쳐보는 자는 떳떳하지 못한 사람이며 힘이 없는 사람입니다. 몰래카메라도 결국은 엿보는 것입니다. 약자가 강자가 되고 싶어서 이용하는 도구라고 볼 수 있습니다. 그렇게 해서라도 힘에 대한 느낌을 가지고 싶은 것이지요.

관음증환자는 대부분 젊은 남성입니다. 그들은 사회성이 떨어지고 정서적으로 불안한 특징이 있습니다. 여성과의 성교에 문제가 있는 경우도 많습니다. 그들은 대상자의 성행위를 훔쳐보면서 자위행위를 하기도 하지만 그 사람에게 직접적인 피해를 입히는 경우는 거의 없습니다. 내가 힘이 있고 정당한 자격이 있으면 그 여자(혹은 남자)를 떳떳하게 대면하면 됩니다. 소유할 자신감이 없기 때문에 숨어서 훔쳐보는 것이고, 환상을 통해 욕망을 충족하는 것입니다.

인간은 성과 공격성이라는 두 가지 원초적인 본능이 있습니다. 권력이 있고 지위가 높으면 다른 사람에게 당당하게 자신의 힘을 드러낼 수 있습니다. 자신이 자원이 많고 매력적이면 성적인 욕망을 떳떳하게 드러내고 그 대상을 소유할 수 있습니다. 강자가 되고 싶은데 그럴 수 없기 때문에 몰래카메라에 몰두하게 된 것입니다. 관음증은 그 극단적인 형태입니다.

4) 이런 관음증을 예방하거나 줄일 수 있는 방법이 있을까요?

임상가의 관점에서 보면 굳이 그럴 필요도 없고 그럴 수 도 없습니다. 특히, 청소년들이 포르노그래피를 보는 것을 무작정 막기만 해서는 안 된다고 생각합니다. 그들은 성인의 몸을 가지고 있지만 지위와 자원이 없다는 점에서 대단히 취약한 존재입니다. 어쩌면 힘과 강함에 대한 욕구는 청소년기의 심리적 발달과정에서 가장 중요한 성장 동력이 될 수 있습니다. 어두운 방안에서 모니터를 응시한 채 손가락 하나로 마우스를 클릭하면서 예쁜 여자들을 좌지우지 합니다. 그 통제에 대한 느낌은 이루 말할 수 없는 쾌감입니다. 아무 것도 가진 것이 청소년들이 엿보기로 권력감을 누리려고 하는 과정에서 포르노물을 보는 것일 수 있습니다.

이런 관점에서 보면 청소년들보다 오히려 어른이 포르노물을 보는 것이 더 문제가 있는 것입니다. 그 나이 정도 되었으면 성과 공격성의 욕망을 사회에서 용인하는 방식으로 승화시켜야 합니다. 성적 욕망은 주도적으로 데이트를 하거나 결혼을 하면 될 것입니다. 출세해서 힘 있는 사람이 되면 그럴 듯하고 정당하게 다른 사람을 괴롭힐 수 있습다. 곁눈질하고 훔쳐보면서 가지고 싶다는 마음만 갖기 보다는 실제로 그럴 수 있도록 노력을 하는 것이 더 좋은 방법입니다.

사람들은 차인표나 장동건이 그런 비디오를 찍었어도 이렇게 문제가 되었을까 라고 말합니다. 남자는 되고 여자는 안 된다는 성적인 이중기준 때문에 생긴 일이라고 흥분하는 여성분도 보았습니다. 그러나 여자 연예인의 비디오 사건이 IMF때 주로 발생했다는 것은 시사하는 바가 있습니다. 이때는 구조조정과 정리해고로 많은 사람들이 거리로 내 몰렸습니다. 미래는 예측할 수 없었고 불안했습니다. 좌절했고 집단적인 무력감이 있었습니다. 이런 상황에서는 힘과 통제감을 더 갈망하게 됩니다. 이것이 집단 관음증으로 나타난 것이지요. 여자 연예인을 희생양으로 삼아 권력감을 느껴본 것입니다. 사회가 불안하고 특정 계층의 지위가 위태롭게 되면 병리적인 현상이 발생할 수 있습니다. 사회는 합리적이고 예측 가능해야 합니다. 노력하면 정당하고 떳떳하게 욕망을 실현할 수 있는 사회라면 더욱 좋겠지요.

10. 인질의 심리 - 스톡홀름 증후군과 리마 증후군

1) 요즈음 탈레반에 인질로 잡혀 있는 분들 때문에 온 국민이 걱정하고 있는데요. 인질이 되면 심리상태가 특이하게 변한다면서요?

그렇습니다. 참 걱정스러운 일입니다. 일단 무사하게 돌아오기를 바랍니다. 스트레스를 받으면 사람들은 그 상황에 적응하려고 다양한 방법을 동원합니다. 인질로 잡히는 것은 생존이 촌각에 달려있는 강력한 스트레스입니다. 인질은 그 상황을 통제할 만한 힘이 없기 때문에 대응할 수 있는 마땅한 방법도 없습니다. 인질로 잡힌 사람들은 스톡홀름 증후군(Stockholm Syndrome)이라는 특이한 심리상태를 보입니다.

2) 스톡홀름 증후군이 무엇인가요? 스웨덴의 스톡홀름을 지칭하는 것인가요?

그렇습니다. 1973년 8월에 스웨덴의 스톡홀름에서 은행 강도 사건이 발생했습니다. 은행 강도들은 여러 명을 인질(hostage)로 잡고 6일 동안이나 경찰과 대치하였습니다. 결국 경찰의 진압작전으로 강도들은 잡혔고 인질들은 풀려나게 되었습니다. 그런데 이상한 문제가 생겼습니다. 경찰 조사에서 인질들은 강도들에게 불리한 증언을 전혀 하지 않았습니다. 심지어 인질이었던 한 여성은 강도 한 명에게 애정을 느껴 약혼자와 파혼하기도 했습니다. 이 이상한 사건 때문에 납치나 인질로 잡혔던 사람들이 인질범(captor)과 특수한 심리적 관계를 형성하고, 인질범의 편을 들어주는 현상을 스톡홀름 신드롬(Stockholm syndrome)이라고 부르게 되었습니다. 즉, 인질들이 그들을 풀어주려는 군이나 경찰보다 인질범의 마음에 동화되고 그들을 이해하려고 노력하는 심리적 현상입니다.

3) 정말 이상하군요. 오히려 인질범을 미워하고 적대시해야 하는 것 아닌가요? 도대체 왜 그런 심리상태가 된 것인가요?

납치와 인질극은 인생에서 다시 경험하기 어려운 끔찍한 상황입니다. 이런 극한상황에 처하면 압도적인 스트레스와 두려움으로 인해 지금까지 자신을 지키고 있던 방어기제가 순식간에 무너집니다. 마치 어린애처럼 변하는 것이지요. 이 상황에서는 인질범들이 자신을 해치지 않는 것만 해도 오히려 고맙게 여깁니다. 처음에는 살기위해 필사적으로 납치범의 눈치를 보고 심기를 살핍니다. 이 과정에서 그들의 마음을 이해하는 것이 절실했습니다. 그러다가 점차 그들의 입장이나 관점에 동화됩니다. 그들에게 온정을 느끼고 기쁘게 하려고 노력도 합니다. 결국은 우리라는 동지의식을 형성하는 단계까지 발전한 것입니다. 이 상태가 되면 자신을 구출하려는 경찰들에게 반감을 느끼면서 대처해야 할 공동의 적으로 간주하기까지 합니다. 생존에 직결되는 극단적인 공포 때문에 인지적인 왜곡현상이 발생한 것이지요. 도망가지 못한다면 한 몸이 되어 이해하는 동반자가 될 수 밖 에 없습니다. 정상적인 판단력이 마비되고 무기력한 상태에서 무서운 가해자에게 의존하는 현상입니다.

4) 극단적인 공포가 피해자들을 그렇게 만들었군요. (그렇습니다). 그런 정서상태가 비정상적인 판단을 일으키게 하는 생리적인 근거 같은 것이 있나요?

오늘 밤에 잠을 자다가 눈을 떠보니 집에 불이 나고 있다고 가정해 보십시오. 그럼 어떻게 하시겠습니까? 아마 가족의 안전을 살피고 그래도 시간이 남으면 집문서나 통장 그리고 귀금속 등을 가지고 나오겠지요. 옷장을 열어 예쁜 옷을 하나라도 건져야겠다는 마음이 들 수 있습니다. 저 같으면 사진 앨범들도 가지고 나오겠습니다. 홍수나 화재 등 재난을 당한 사람이 제일 아쉬워하는 물건이거든요. 그러나 그런 생각이 드는 것은 지금 이 순간에 정서적으로 안정이 되어 있기 때문입니다. 진짜 자다가 일어나서 화재가 났다면 이렇게 순서대로 판단을 못합니다. 아마 우왕좌왕하다가 옷장에서 베개나 하나 들고 나올지도 모릅니다. 사람은 심리적으로 흥분을 하면 정상적인 정보처리를 하지 못합니다. 정서적으로 불안하면 인지적인 능력이 발휘되지 못합니다. 이것은 대뇌의 각성체계와 관련이 깊습니다. 뇌에는 주의나 각성을 담당하는 망양체(reticular formation)와 정서를 주관하는 변연계(limbic system)가 있습니다. 이 두 가지 해부학적 부위가 연결되어 있고 서로 영향을 주기 때문에 인지와 정서과정을 구분하기 쉽지 않습니다. 그래서 가족 내에 불안요인이 있고, 잠재적인 긴장 상황이 오래 지속될 때 아이가 공부를 잘 못하게 됩니다. 공부는 인지적인 정보처리 능력과 관련이 있는데 정서적인 불안정이 이를 방해하기 때문이지요.

5) 인질뿐만 아니라 인질범에게도 심리적인 변화가 일어날 수 있나요?

그렇습니다. 스톡홀름 신드롬과는 반대로, 인질범이 인질에게 동화되는 현상을 리마 신드롬(Lima syndrome)이라고 합니다. 페루의 수도인 리마의 일본대사관에서 인질 700여명을 억류하는 테러 사건이 발생한 적이 있습니다. 사건발생 127일 만인 1997년 4월 22일에 페루의 특공대가 기습작전을 수행했습니다. 테러범 전원이 사살되었고 인질들은 성공적으로 구출되었지요. 당시에 테러범들은 인질들에게 가족과의 안부편지를 허용하였습니다. 그리고 미사집회도 할 수 있게 하였고 의약품이나 의류도 반입할 수 있게 하였습니다. 테러범들은 인질들에게 자신들의 신상 이야기 등을 털어 놓기도 하면서 인간적인 친밀감을 보였습니다. 즉, 인질범이 인질들에게 오히려 역 동화된 현상이 생긴 것입니다.

인질범도 두려움을 느낄 수 있습니다. 소탕과 진압 작전의 표적이 되는 것도 납치범들에게 극도의 공포심을 유발할 수 있습니다. 아무런 성과 없이 상대 공격에 궤멸할 수 있다는 불안을 느끼며, 도주와 은신의 가능성을 시시각각으로 점검해야 합니다. 건강이 악화하는 피해자들도 관리해야 하고 내부의 의견 불일치와 갈등을 극복해야 합니다. 무엇보다도 고도로 복잡한 협상을 진행해야 하는 것 자체가 극심한 스트레스겠지요. 그런 상황에서 공포에 떨고 있는 어린애 같은 인질들에게 동병상련의 느낌을 갖게 되고 인간적인 교류가 발생하는 것입니다.

6) 탈레반 반군들이 리마 증후군이라도 보여서 우리 인질들을 살려주었으면 좋겠군요.

인질들이 인질범에게 느끼는 친밀도가 깊을수록 피해를 입을 확률이 적어진다는 연구 결과가 있습니다. 그래서 장시간 억류되는 경우에는 인질들이 살해될 가능성이 줄어듭니다. 그 기간 동안 인간적인 교류가 오가기 때문이지요. 그런데 이번에는 그렇게 낙관적이지가 않습니다. 일단 단순한 납치라기보다는 너무나 정치적인 의미가 많고, 종교적인 측면에서도 적대적입니다. 의사소통의 문제 때문에 감정적인 교류가 원활하다고 보기도 어렵습니다.

7. 지금으로서는 인질로 잡혔던 우리 국민들이 살아 돌아오는 것이 가장 급한데요. 그 이후를 예측하는 것이 다소 이르기는 하지만 인질로 풀려난 이후에도 심리적인 후유증이 나타날 수 있나요?

네, 그것도 심각한 문제일 수 있습니다. 인질에서 살아남은 피해자들도 이른바 PTSD(외상 후 스트레스 증후군)에 시달린다는 보고가 많습니다. 극심한 외상 후 스트레스 반응은 시간이 지나면서 점점 심해진다는 것이 확인되었습니다. 살아남은 사람들은 사망자 또는 중상을 입은 희생자와 동일시합니다. 자기만 살았다는 죄책감과 아무것도 할 수 없었던 자신의 무력감을 뼈저리게 느낍니다. 반복적으로 떠오르는 냄새와 침습적 이미지로 인해 고통을 받습니다. 이들은 수면장애와 심신 무기력 그리고 우울증을 경험합니다.

8) 그렇다면 가족이나 가까운 사람들이 어떻게 해주어야 할까요? 기본적인 지침이 있나요?

지난번에 성공적 노화에 대해 설명하면서 사회적 지지(social support)의 효과를 말씀드린 바 있습니다. 이들에게도 사회적 지지가 중요합니다. 사회적 지지란 실제상황에서 제공받는 지지의 정도뿐만 아니라 사회관계에서 느끼는 유대감, 자존감, 신뢰감에 대한 지각정도입니다. 사회적 지지는 네 가지 유형으로 구분할 수 있습니다. 존경, 애정, 신뢰, 관심, 경험의 행위를 포함하는 정서적 지지와 개인의 문제를 대처하는데 있어 이용할 수 있는 정보적 지지가 있습니다. 일을 대신해 주거나 물건을 제공하는 등 직접적으로 돕는 행위인 물질적 지지가 있고 마지막으로 자신의 행위를 인정해 주거나 부정하는 것과 관련된 평가적 지지가 있습니다.

사회적 지지는 부정적인 정서반응을 완화시키는 효과가 있습니다

(Cohen 등, 1995). 사회적 지지는 극심한 스트레스 피해자들이 느낄 수 있는 무력감, 죄의식, 생리적 각성 등을 현저하게 완화하여 줍니다(Rogehr 등, 2003). 가족과 친구 그리고 지역사회로부터 제공되는 사회적 지지는 피해자들로 하여금 보호받고 존중받는다는 느낌을 갖게 합니다. 그들이 다시 적응하는데 결정적으로 도움이 되는 자원입니다.

그런데 현재 인터넷 등에서 우리의 세금을 왜 정부가 금지한 곳을 간 사람들을 위해 쓰는가? 혹은 종교적인 관점에서 무분별한 행동이라고 비난하는 분위기도 있습니다. 이것은 사회적 지지라는 관점에서는 다소 우려스러운 상황입니다. 이에 관해서는 충분한 문제제기가 되었다고 생각합니다. 조금만 자중해 주시고 비난 이전에 따뜻하게 대해주시기를 바랍니다.

11. 남자가 일찍 죽는 이유 - 젊은 수컷신드롬

1) 어느 나라든지 여성이 평균적으로 더 오래 살잖아요. 그 이유가 뭔가요?

맞습니다. 나라마다 약간씩 차이가 있지만 일반적으로 여자가 7년에서 10년 정도 더 오래 삽니다. 이 문제에 답하기 위해서는 우선 대부분의 동물도 암컷이 오래 산다는 점에 주목해야합니다. 영국 스털링대 사라 무어와 케네스 윌슨 교수는 「사이언스」 지에' 기생충, 병원균 등 기생 생물에 의한 감염이 수컷을 빨리 죽게 한다'고 발표한 바 있습니다. 연구팀은 355 종류의 포유동물에서 기생 생물 감염과 생존 시기 등을 폭넓게 조사한 결과 수컷이 암컷보다 기생 생물에 의한 감염이 더 많으며, 이는 수컷의 수명과도 관계가 깊다는 사실을 발견했습니다. 이런 현상은 수컷이 암컷보다 덩치가 클수록 뚜렷하게 나타났습니다. 예상했던 대로 암컷이 수컷보다 더 큰 동물의 경우 암컷의 수명이 더 짧았습니다. 인간을 대상으로 한 조사에서도 결과가 비슷했습니다.
많은 포유동물이 다른 수컷과 싸워 이김으로써 암컷을 차지하고 자손을 늘리려고 합니다. 동료 수컷을 이기려면 덩치를 키우는 것이 유리합니다. 이처럼 덩치를 키우다 보니 상대적으로 암컷보다 면역 시스템에 쓸 에너지가 부족해졌다는 것입니다. 즉, 수컷들이 더 많은 암컷을 차지하기 위해 덩치를 키운 결과 기생 생물에 위협을 당하는 아이러니한 결과를 낳은 것이지요.

또한 큰 덩치 자체가 수컷에게 감염의 위험을 높일 수 있습니다. 큰 동물일수록 많이 먹기 때문에 촌충 등 기생충의 알을 삼킬 가능성이 높습니다. 또 먹이를 찾기 위해 오래 돌아다니다가 감염될 수도 있습니다. 결국 큰 덩치를 통한 수컷의 번식 성공은 진화적으로 짧은 수명이라는 반대급부를 요구한 것입니다.

2) 수컷이 번식을 위해 전투적으로 변하고 이를 위해 몸집을 키우다 보면 많이 먹어 감염의 가능성이 높아진다는 거군요. 흥미로운 가설인데요. 또 다른 설명은 없나요?

지금 말씀드린 대로 번식의 성공이 감염의 가능성을 증가시킨다는 것은 다분히 진화적인 설명입니다. 그런데 다른 관점이 하나 더 있습니다. 이것은 임신과 매우 관련이 깊습니다. 결론부터 말하면 여성이 임신을 하는 것에 대한 보상으로 생체 시계가 10년 정도 느리게 진행된다는 것입니다. 이것은 여성의 수명이 10여 년 더 길다는 일반적인 현상과 관련해서 주목해 볼 수 있습니다. 임신이 가능한 21세부터 49세 사이의 사람들을 대상으로 식후 인슐린 농도증가를 조사해보면, 남성이 여성보다 3배나 높습니다. 인슐린은 동맥경화발달에 가장 중요한 위험요인입니다. 노화로 인한 질병의 주요한 원인이기도 합니다. 어쩔 수 없는 상황 때문에 난소를 제거하여 아이를 낳을 수 없게 된 여성은 인슐린이나 당의 혈중농도가 급격히 증가되는 현상을 보입니다. 예상한 대로 이러한 여성들은 다양한 성인병을 앓는 것으로 확인되었습니다.

결국 임신과 출산이라는 번식기제가 진화적 관점에서 여성의 수명을 어느 정도 보장해 주었다는 것을 시사합니다.

3) 성호르몬과 관련한 설명도 있던데요?

그렇습니다. 전통적인 설명인데요, 나이가 들면 갑상선호르몬, 흉선호르몬, 멜라토닌, DHEA, 성장호르몬의 분비량이 감소되지만 특히 성호르몬(테스토스테론, 에스트로겐, 프로게스테론)의 분비가 급격하게 줄어듭니다. 여성이 남성보다 오래 사는 이유는 바로 성호르몬의 차이라고 볼 수 있습니다. 폐경기까지 분비되는 에스트로겐이라는 여성호르몬은 저밀도지방산과 콜레스테롤 수치를 낮추어 심장병을 예방하는 효과가 있습니다. 암의 유발을 억제하는 성분도 있는 것으로 알려져 있습니다. 폐경으로 여성호르몬이 나오지 않을 때 이 질병들의 발병률이 갑자기 높아지는 것도 바로 이러한 이유 때문입니다.

4) 임신을 하거나 성호르몬의 분비가 여성의 수명과 관련이 있다면 이와 직접적으로 관련이 있는 여성의 생리과정과도 연관이 있을 것 같은데요?

아주 좋은 지적입니다. 여성이 매달 생리를 하는 것도 장수와 관련이 있습니다. 이것은 생리를 통해 몸 안의 노폐물 즉, 철분이 빠져나간다는 설명입니다. 철분이 체내에 과다하게 축적되면 비타민C 등과 반응해 유해 산소를 다량으로 발생시킵니다.
또 간에 철분이 쌓이면 간 조직이 손상되며 또 심장과 신장 등에 축적되면서 퇴행성 변화를 일으킬 수 있습니다. 여성은 생리를 통해 매달 50~100cc 정도의 피를 배출합니다. 이 과정에서 노폐물과 철분이 빠져 나가기 때문에 여성의 퇴행성 질환이 상당기간 억제되는 것입니다. 따라서 폐경기가 되면 여성의 질환 역시 증가합니다.

5) 하지만 여성이 오래 산다고 보는 것은 상대적으로 남성이 일찍 죽기 때문이 아닌가요? 남자들이 위험한 행동을 더 많이 해서 수명이 짧아질 수 있잖아요.

정확하게 말하면 남성들은 번식에 성공하기 위해서 위험 부담이 큰 행동을 보다 선호하는 경향이 있습니다. 이 과정에서 생명의 단축될 수 있지요. 남성은 번식능력이 무한합니다. 따라서 자기의 유전자를 많이 퍼뜨리는 전략이 진화에 유리합니다.
이 과정에서 뛰어나고 경쟁력이 있는 소수의 남자가 여자들을 독점할 가능성이 많아지게 되었습니다.
저명한 진화심리학자인 트리버스(Trivers, 1985)는 남자들이 여자들에 비해 번식의 변동률이 더 크기 때문에 경쟁자와 목숨을 걸고 싸우거나 투자가치가 높은 이성에게 매력을 일으키기 위해서 보다 과감하고 위험한 전략을 선택한다고 보았습니다.
남자들이 공격성이라는 특성이 더 두드러지는 것도 바로 이러한 이유 때문입니다.

특히, 자원이 부족하고 생존 경쟁에 막 뛰어 들어간 젊은 남자들이 더 공격적입니다. 아무것도 가진 것이 없는 그들이 번식에 성공하기 위해서는 그래야만 합니다. 윌슨과 달리(Wilson & Darly)는 이러한 현상을 '젊은 수컷신드롬'이라고 불렀습니다.

신체적인 용맹성과 공격성의 과시는 강하고 유능한 남성에게 주목하는 여성뿐만 아니라 다른 남성들에게 강한 인상을 남길 수 있습니다. 경쟁자들을 단념시키는 부가적인 효과도 있고요. 진화적으로 설계된 특성인 셈이지요. 공격적이고 과감하며 위험한 행동을 하는 수컷은 암컷에게 강한 남자로 주목받았고 짝짓기에 유리했습니다.

그러나 이런 번식의 성공 과정에서 치러야 하는 대가 역시 가혹했습니다. 모든 문화권에서 남자가 여자보다 더 많은 살인을 저지르고, 전쟁 역시 남자의 전유물이었습니다. 남자가 더 많이 죽는 것은 당연합니다. 그래서 상대적으로 여자가 더 오래 사는 것일 수 있습니다.

6) 그렇다면 남자가 오래 살기 위해서는 공격성을 줄여야 하는데, 그럴 경우 번식력이 감소하고 여성에게 매력이 반감되니 그럴 수도 없겠네요.

맞습니다. 진화심리학자들은 생존과 번식이라는 두 가지 진화 기제가 항상 일치하지는 않는다는 점에 주목합니다. 물론 자신을 복제한 유전자를 번식시키는 것이 곧 자신이 영원히 사는 것을 의미할 수 있기 때문에 번식과 생존은 별개로 보기 어려울 수도 있습니다. 그러나 특정한 시점을 기준으로 할 때는 번식과 생존의 비중이 다를 수 있습니다. 예를 들어, 수컷 사자의 갈퀴 머리카락은 화려할수록 암사자들에게 어필합니다. 그러나 작열하는 태양 아래에서 체온을 상승시키며, 온갖 기생충의 온상이 되기도 합니다. 생존에는 별로 도움이 안 되는 것이지요. 그래도 수컷사자는 이러한 외모형태를 포기하지 않았습니다. 진화과정에서 장기적으로 번식에 성공하는 것이 단기적으로 생존에 치중하는 것보다 이득이 더 크다고 본 것입니다. 남자들이 공격적인 행동을 포기하지 않는 것도 비슷한 이유가 아닐까 생각합니다.

남성들의 대처 방식도 주목할 필요가 있습니다. 스트레스나 역경이 올 때 남성은 음주, 흡연, 무절제한 생활에 주로 빠지는 데 반해 여성은 친구나 전문가를 찾아 상의하고 도움을 청하는 방식을 선호합니다. 사회적 지지를 추구하는 것은 바람직한 대처 방식입니다. 남성이 자신을 고립시키거나 적대감으로 해결하는 방식은 바람직한 대처도 아니고 수명을 단축시킬 수 있습니다. 남자는 약하게 보이면 안 되고 감정을 표현하면 미숙한 사람으로 간주되는 사회적 분위기에 익숙해 있습니다. 그래서 남성은 정서를 억압하고 숨기는 것을 선호합니다.

실제로 여자가 남자보다 더 오래 사는 이유는 감정이 더 풍부하고 잘 표현하기 때문이라는 주장도 있습니다. 건강하게 살려면 스트레스를 아예 받지 않는 게 좋겠지만 스트레스를 받지 않고 산다는 것은 거의 불가능 합니다. 스트레스를 받더라도 그것을 빨리 해소하는 것이 관건입니다. 그 방법으로 가장 좋은 것이 잘 웃고, 울고, 떠들면서 감정 표현에 솔직한 것입니다. 예전에 『강철 같은 존(Iron John)』 이라는 제목의 베스트셀러 책이 있었습니다. 강한 남자가 되어야 하고 또 여자들이 남자를 그렇게 규정하고 바란다는 것이 남자들을 얼마나 고립시키고 좌절 시킬 수 있는가하는 내용이었습니다. 물론 남자들이 여성에 비해 사회적으로 다소 더 많은 혜택을 받고 있는 것 같습니다. 하지만 그 대가도 분명 있습니다. 울지 말아야 하고 아닌 척 해야 하며 약하게 보이지 않아야 합니다. 무엇보다도 힘든 것은 자신이 무서워하고 있다는 사실을 아무에게도 들키지 말아야 한다는 것입니다.

적자생존의 비정한 사회지만 더불어 살아갈 여지는 있습니다. 남자와 여자가 이런 이슈를 공론화하고 또 자유롭게 논의할 수 있는 사회적 분위기를 조성하는 것이 중요합니다. 여성이 남성 못지않은 혜택을 받고 또 그 대가로 남성이 받는 압력을 다소 더 부담해 준다면 남성도 더 오래 살지 않을까 생각합니다.

12. 인정하고 싶지 않은 불편한 진실 - 루키즘

1) 루키즘(Lookism)은 외모를 중시하는 사회현상을 지칭하는 용어지요?

그렇습니다. 뉴욕타임스의 칼럼리스트 윌리엄 새파이어(William Safire)가 처음 사용한 용어입니다. 그는 인종, 성, 종교, 이념 등에 이은 새로운 차별기제가 바로 외모라고 지목했습니다. 1991년에 런던 데일리그래프 지는 "현대인들에게 가장 큰 압력으로 작용하는 것은 마약과 술, 섹스 그리고 외모"라고 보도한 바 있습니다. 외모에 의한 차별이 인종차별, 성차별, 연령차별, 계급차별에 못지않다고 본 것이지요. 현대사회에서는 이미 용모가 개인간 우열과 인생의 성패를 가르는 잣대로 심각하게 작용하고 있습니다. 한 조사결과에 따르면 우리나라 13~43세 여성의 68%는 외모가 인생의 성패에 영향을 끼치는 강력한 요인 중 하나라고 대답했습니다. 미혼 여성들의 경우, 외모 가꾸기에 하루 평균 53분을 투자하며 거울은 하루 8.3회 보는 것으로 집계되었습니다. 특히 25~34세 여성들은 개성과 인격보다 외모가 경쟁력이라는 인식이 누구보다도 강했습니다. 그들은 다이어트에 가장 적극적이었고, 성형 수술에 대해 서도 가장 우호적인 태도를 보였습니다. 나이가 어릴수록 신체적 외양을 중요한 기준으로 생각하지만 조금 더 나이가 들면 외모뿐만 아니라 옷차림을 종합해 부와 사회적 지위를 추정하는 경향이 있습니다. 자신의 의사와 관계없이 다른 사람들이 나의 몸과 외모를 관찰한 후 이미 나를 분류하고 계층화한 것입니다. 지금 이 순간에도 그들이 내린 이런 평가가 나에게 적용되고 있을지 모릅니다.

2) 외모에 따라서 여성의 고장난 차를 고쳐주는지를 비교한 TV 프로그램을 본적이 있는데요. 심리학에서도 그런 실험들이 있었겠네요?

네, 언젠가 방영되었던 TV 프로그램에서 그런 내용이 있었습니다. 예쁜 여자가 도움을 청했을 경우 고속도로임에도 불구하고 50여m나 지나쳐 갔던 차들이 다시 돌아와서 몸을 사리지 않고 도와주었습니다. 반면 못생긴 여자가 도움을 청했을 때는 흙먼지만 풀풀 날리며 자동차들은 지나쳤고, 일단 섰다가도 소극적으로 기웃거리기만 하다가' 손 쓸 수가 없다'며 그냥 떠나 버리더군요. 외모의 효과를 입증한 심리학 실험은 많습니다. 모의 법정실험에서 판사의 역할을 맡았던 남자는 피의자 역할을 하는 여성의 외모에 따라 형량이 달라집니다. 예상한 대로 외모가 예쁜 여성 피의자들에게 낮은 형량을 부여했습니다. 미인에게 관대한 것이지요. 미국의 경우입니다만 실제로 판사들의 형량도 피의자의 외모에 영향을 받는다는 연구 결과가 있습니다. 이런 외모의 효과는 여성과 나이 어린 사람에게 더 뚜렷하게 나타나는 것으로 확인되었습니다. 그러나 아주 죄질이 나쁜 피의자에 대해서는 오히려 외모가 뛰어난 피의자에게 가혹한 형량을 내린다는 증거도 있기 때문에 인상형성에 관한 외모의 효과는 논란의 여지가 있습니다.

사람들에게 대학 졸업가운을 입고 있는 사진들을 평가하게 하면 외모가 뛰어난 학생의 대학성적이 더 우수했을 것이라고 추정합니다. 외모를 유능성과 연관시키는 경향이 뚜렷하게 나타났습니다. 다른 인구통계학적 변인들을 통제했을 때 키가 클수록 연봉을 더 많이 받는다는 연구결과도 있습니다. 외모의 효과를 입증한 많은 심리학 실험들에서 외모가 사회적인 차별행동에 영향을 주는 현상이 일관되게 확인됩니다.

3) 씁쓸하지만 인정할 수밖에 없는 현실이군요. 심리학적으로 외모가 유능성이라는 인식이 왜 생기게 된 것인가요?

대답은 심리학보다는 우선 생물학에서 찾아야 할 것 같습니다. 기본적으로 진화적인 관점에서 설명할 수 있습니다. 진화의 기본 원칙은 생존(survival)과 번식(reproduction)입니다. 즉, 살아남아서 자신의 유전자를 최대한 많이 퍼뜨리려는 대전제에 의해 행동한다는 것이지요. 배우자를 선택하는 신체적인 기준에서도 몸의 정중앙 축에서 신체 각 부분까지의 거리와 크기를 측정하는 대칭성 정도가 선호도나 매력에 영향을 주는 것으로 확인되고 있습니다. 뇌는 임신 1기부터 분화하기 시작하여 대략 30개월 전후에 좌우뇌가 분리됩니다. 따라서 이 시기에 감염이나 뇌 발달을 좌우하는 위험한 환경에 노출되면 좌우의 신체 발달이 정상적으로 이루어지지 않아 비대칭적인 신체 상태가 됩니다. 사춘기 이후 호르몬의 왕성한 분비도 대칭성을 뚜렷하게 유발합니다. 따라서 대칭성이 약한 사람은 성적인 특징이 뚜렷하게 나타나지 않습니다. 결국 건강하지 못하다는 증거가 될 수 있고 이성에게 어필하지 못할 수 있습니다. 생존과 번식이라는 기준에서 경쟁력이 부족하다는 인식을 줄 수 있겠지요. 컴퓨터로 시뮬레이션한 실험에서도 대칭성에 보다 근접한 사람을 더 잘생기고 유능한 사람으로 평가합니다.

에스(S)라인을 선호하는 것도 근거가 있습니다. 남성이 여성의 외모를 고려할 때 많이 알려진 기준은 허리 대 엉덩이의 비율(waist hip ratio; WHR)입니다. 미스아메리카의 경우에도 수십 년 전에 비해 더 날씬해졌지만 이 비율은 예나 지금이나 허리 대 엉덩이 비율이 여전히 0.7이었습니다. 남자들이 마른 여자를 좋아하는 것 같지만 잘록한 허리에 풍만한 엉덩이 그리고 통통한 허벅지는 실제로 남자들에게 더 어필하는 몸매입니다.

여성의 엉덩이와 허벅지에 쌓인 살은 임신 중 태아의 영양 공급원이 됩니다. 따라서 건강한 아이의 출산과 관계가 깊습니다. 다양한 문화권에서 이 비율을 가지는 여성들이 연령과 기타 조건들을 통제했을 경우 자신도 건강하며, 보다 건강한 아이를 낳는 것으로 확인되었습니다.

크고 예쁜 가슴을 좋아하는 것도 이유가 있습니다. 가슴의 크기는 수유량과는 관계가 없기 때문에 젖을 주는 행위는 양육이라는 관점에서는 별로 이점이 없습니다. 그런데도 크고 예쁜 가슴을 여성들이 부러워하고 또 그런 가슴을 가진 여자들을 대부분의 남자들이 좋아합니다. 인간이 직립보행을 하게 되면서 여성의 생식기는 밑을 향하게 되었고 보이지 않고 감추어진 자세가 되었습니다. 이에 비해 가슴은 아래로 처지지 않고 앞을 향하는 형태가 되었지요. 도드라진 가슴은 감추어진 생식기를 대체하는 여성의 성적인 어필수단으로 진화한 것일 수 있습니다.

결국 여성의 몸을 주목하게 하고 신체의 매력도를 증가시킨다는 점에서 번식에 유리한 외모가 된 것입니다. 남자들이 이러한 외모를 선호하니까 여성들도 이 기준에 부합하려고 노력하는 것일 수 있습니다. 외모는 생존과 번식 능력을 판가름하는 중요한 기준으로 작용했기 때문에 이를 통해 인간의 경쟁력을 평가하려는 심리상태가 자리 잡게 된 것입니다.

4) 나이가 들수록 신체적인 외양에 옷차림 등의 정보를 추가하여 상대를 판단하고 계층화한다고 말씀하셨는데요.

그렇습니다. 외모는 신체적인 특징(appearance)만 의미하는 것이 아니라 넓게 보면 의상과 옷차림 등도 모두 포함한 개념입니다. 의복을 구입하고 착용하는 행위에는 심리적이고, 사회적인 의미도 담겨 있습니다. 아주 기본적으로 방한이나 피부의 보호 등의 목적으로 시작된 의복행동은 오늘날에는 자신의 만족과 남에게 보이는 이미지를 위해 계획적이고 능동적으로 실현되고 있습니다. 각 개인의 의복행동은 경제적인 능력과 사회적 역할에 따라 다르게 나타나며 자연스럽게 개인의 지위를 상징하게 되었습니다.

사회적인 계층을 형성하는 요인에는 재산의 정도, 교육 수준, 직업, 사회적인 역할과 지위, 생활모습 등이 있습니다. 이러한 요인은 의복행동에도 당연히 영향을 줍니다. 결국 의상 등을 통해 상대의 사회적인 지위와 존재감을 확인하는 것입니다. 그를 어떤 수준에서 대우해야하고 그에게 어떻게 행동하는 것이 잠재적으로 나에게 도움이 될지를 냉정하게 계산할 필요가 있습니다. 그런 점에서 외모와 의상은 정보적인 가치가 있습니다.

외모로 상대를 빨리 판단하는 것은 그래서 적응적인 의미가 있습니다. 대부분의 사람들은 외모로 사람을 판단하면 안 된다고 배우고 또 그렇게 알고 있지만 자신도 모르게 이 기준을 즉각적으로 적용하곤 합니다. 적응과 진화라는 생물학적 본성이 인간성이나 윤리적 당위성보다 한발 앞서 작동하는 셈입니다.

5) 의상 등의 과시를 통해 사회적인 지위를 드러내는 것이군요.

그렇습니다. 토스타인 베블런(Tostine Veblen)은 상류층은 과시적 소비를 통해 사회적 지위를 확립한다고 주장한 바 있습니다. 과시적 소비는 자신이 특정한 사회계층이나 특수한 유한계층에 속해 있는 것을 상징하기 위해 의복을 구입하는데 있어서 아낌없이 그리고 헛되이 소비하는 행동을 말합니다. 이것을 베블런효과(Veblen effect)라고 합니다. 이는 신체적인 외양이라는 1차적인 외모에, 의상이라는 2차적인 외모가 추가 보완되면서 자신이 얼마나 경쟁력이 있는 인간인지 드러내는 과정과 관련이 있습니다.

인간은 자신의 경쟁력을 과시하려는 본능이 있습니다. 인간의 본능이 결정된 원시시대로 돌아가서 설명하겠습니다. 원시시대에 부를 쉽게 얻는 유일한 방법은 지위를 얻는 것이었습니다. 높은 지위를 차지한 남자에게는 식량과 여자가 저절로 따라왔을 것입니다. 높은 지위를 얻지 못하면 자신의 유전자를 퍼뜨릴 기회조차 주어지지 않았겠지요. 지위가 낮은 원시인들은 학대받았고 더 많은 스트레스를 받았을 것입니다. 그래서 원시인은 힘과 용맹을 과시해 지위를 차지할 필요가 있었습니다. 과시는 거절할 수 없는 유혹이고 생존을 위한 본능으로 자리 잡을 수밖에 없었습니다. 원시 부족에서는 적의 머리를 베어서 자기 집 앞에 걸어놓을 수 있는 사람이 추장의 자격이 있었습니다.

이러한 야만적 과시는 즉시 부족 구성원에게 존경을 받을 수 있었습니다. 요즘 최고경영자들이 집무실 평수를 중요시하고 골동품이나 진귀한 박제로 과시하는 것도 수컷 공작이 화려한 꼬리를 과시하는 것과 본질적으로 같다는 것이 베블런의 설명입니다.

오늘날의 현대인도 여전히 과거 원시인의 과시 본능이 분명이 유지되고 있고 이것은 의복행동 등 다양한 소비행태로 드러나고 있습니다. 베블런효과에 의하면 고가의 제품은 가격이 오르는 데도 수요가 줄어들지 않고, 오히려 증가할 수 있습니다.

경제상황이 악화될수록 고가의 물품을 구입하는 사람들은 상대적으로 유능한 사람들이고 또 선택받은 사람이라는 인식이 더 강해집니다. 인간의 과시본능이 소비행동으로 나타난 것입니다. 이들에게 불황은 오히려 자신을 과시하는 절호의 기회인 셈입니다.

과시적 여가라는 용어도 자신이 육체적인 1차적 노동을 하지 않음을 나타내기 위한 의복행동과 관련이 있습니다. 손질이 필요하고 조심스럽게 입어야 하는 옷이나 즐기기 위해 필요한 의복을 사고, 용품이 많은 여가나 운동을 선택하는 행동이 여기에 해당할 수 있습니다. 부대비용이 많이 드는 여가나 운동은 아무나 즐길 수 없습니다. 이에 참여한다는 것 자체가 그만큼 여유가 있다는 것을 과시하는 암묵적인 효과가 있습니다.
많은 사람들이 분수에 맞지 않게 치장하고 명품을 숭배하는 사람들을 속물이라고 비웃습니다. 그러나 저는 그들이 자신의 경쟁력을 힘에 부치게 과시하면서 눈물겹게 노력하는 사람들이라고 생각합니다. 소비하고 과시하는 것은 자신의 존재감을 확인하는 행위입니다. 살아남고 어필하겠다고 발버둥치는 사람을 비웃을 것까지는 없습니다. 그런 행동을 하는 사람이 속물이라면 넓은 의미에서 우리 모두는 속물입니다.

13. 일그러진 사랑의 시작 - 스토킹

1) 스토킹은 무엇인가요?

스토킹(stalking)의 사전적인 의미는 '살금살금 접근하다', '몰래 뒤를 밟다'로 원래 동물을 몰래 추적하는 사냥 행위에 쓰이는 말이었습니다. 그러다가 비틀즈의 존 레논 살해사건과 영화배우 조디 포스터에 대한 스토킹 사건 이후로 스토킹은 심리학 분야에서 대단히 흥미로운 연구주제가 되었습니다. 스토킹은 가해자가 피해자도 자신을 좋아할 것이라는 환상을 갖고 일방적인 행동을 고의적이고 계획적으로 반복하는 것입니다. 피해자와 그 가족에게 심각한 정신적·육체적·경제적 피해를 입히는 병적인 행동이지요. 피해자는 접근을 원하지 않기 때문에 분명하게 거부의사를 밝히지만 가해자는 이를 무시하거나 오해하면서 지속적으로 피해자에게 접근을 시도합니다.

2) 싫다는데 왜 그렇게 끈질기게 접근할까요. 스토킹을 하는 이유가 뭘까요?

여러 가지 원인이 제시되고 있습니다. 일단 스토커들은 심각한 성격적인 결함이 있습니다. 일단 그들은 자기애적 성격장애(narcistic personality disorder)가 있는 경우가 많습니다. 이러한 성격특성을 가진 사람들은 다른 사람들에게 자신에 대한 애정이나 관심을 극단적으로 갈구합니다. 그들은 주변 사람들에게 자신의 독특성이나 특출함을 주목해주기를 바라는 마음을 끊임없이 드러냅니다. 그러면서 자기를 인정해주지 않는 사람들에겐 공격성이나 적대감을 드러내는 경우가 아주 많지요. 자기애적인 성격 특성을 가진 사람들은 폐쇄적인 가족 환경에서 과잉보호를 받으면서 자랍니다. 그래서 그들은 자신의 약점에 대해서는 인정하지 않고 장점만을 두드러지게 강조하는 분위기에서 자랍니다. 성인이 되어서도 이런 성격은 사회생활에 그대로 반영됩니다. 그들은 주목받는 화려하고 좋은 일은 늘 자신의 것이어야 한다고 생각하기 때문에 누군가가 반드시 하기는 해야 하지만 해봐야 본전인 일은 절대로 하지 않습니다. 자기는 늘 주인공만 하려고 하지요. 주변 사람에게 악역을 떠넘기고 그들을 이용하는 경우가 많기 때문에 결국 알 만한 사람들은 모두 그에게 등을 돌립니다. 그가 소속된 집단에서는 그를 이기적이고 약아빠진 사람으로 인식합니다. 주변 사람들이 자기에게 이용당하지 않고 자신을 인정해주지 않는 상태가 되면 그들을 비난하고 적대시합니다. 그래서 자기를 잘 모르는 새로운 사람을 만나서 한동안 또 그를 이용하다가 그가 질려서 등을 돌리면 섭섭함을 느끼면서 용서하지 않겠다는 각오를 다집니다.

스토커들이 바로 그런 특징이 있습니다. 심지어 자신이 마음을 주고 집착한 사람이 자기를 거부하면 절대 용서하지 않습니다. 거절당하는 것에 대한 모욕감이 매우 강하기 때문에 자신의 호의와 애정이 받아들여지지 않으면 곧 증오의 감정을 노골적으로 드러냅니다. 그 대상이 용서를 받으려면 무조건 자기를 인정하고 좋아해야만 합니다. 아니면 감히 자기를 무시한 대가를 치루는 것이 옳다고 확신합니다. 그것만이 스스로의 가치를 확인하는 정당한 권리라고 믿습니다.

두번째는 성격적인 원인으로, 경계선 성격장애(borderline personality disorder)가 확인되고 있습니다. 이 성격특성을 가진 사람들은 인격 발달 과정에서 자신과 타인을 잘 구별하지 못하는 특징이 있습니다. 대상관계 이론(object relation theory)에서는 어머니와의 분리과정에서 그 원인을 찾고 있습니다. 일반적으로 아기들은 18개월 이전까지는 자신과 어머니를 분리된 실체로 잘 느끼지 못합니다. 자기가 울면 엄마도 슬퍼하고 자기가 기뻐하면 엄마도 웃습니다. 자기 옆에는 항상 엄마가 있습니다. 신체활동이나 감정이 소위 밀착(bond)되어서 같이 진행되기 때문에 이렇게 생각하는 것이 어쩌면 당연하겠지요. 그러다가 결국 엄마와 자신은 동일한 실체가 아니라고 느끼면서 서서히 엄마와는 다른 자신만의 정체성을 발달시키는 과정이 이어집니다. 이것이 정상적인 인격의 발달입니다. 그러나 경계선 성격장애자들은 우선 엄마가 아기를 떼어놓지 않습니다. 아기가 자기에게 집착하고 매달리는 것이 엄마 자신의 가정 내 위상이나 심리적인 안정에 더 유리하거든요. 남편을 조종하기 위해 자식을 인질화하기도 합니다. 아기의 입장에서도 엄마만 있으면 모든 것이 충족되기 때문에 굳이 독자적으로 행동할 필요가 없습니다. 결국 엄마와 아이의 자아(self)가 중첩 혹은 융해(fusion)되는 상태가 계속됩니다. 성격

구조가 확립되는 청소년기에는 엄마는 곧 자기이며 자신을 위해 모든 것을 희생할 사람이라는 생각이 들지만 한편으로는 자신의 독립성을 방해하고 발목을 잡는 화가 나는 방해물로 생각합니다. 그 시기에는 자율성과 독립성을 확보하는 것이 인생의 중요한 과제거든요. 이렇게 동일한 대상에게 양가적인(ambivalent) 감정을 계속 가지기 때문에 좋아하면서도 그의 의도를 지속적으로 의심하는 성향이 생깁니다. 미안해하다가도 이내 분통을 터뜨리는 일을 반복합니다. 감정 변화가 극심하고 주변 사람을 극도로 피곤하게 만들기 때문에 모두가 그를 멀리하게 됩니다. 그러면 혼자 있게 될 것이고 분리되고 고립된 자아에 익숙하지 않기 때문에 미친 듯이 또 누군가에게 매달립니다.

스토커들은 매달리는 그 대상과 자신이 한 몸이라고 생각하며 떨어질 수 없는 관계라고 믿고 있습니다. 그래서 그와 자신이 밀접한 관계를 맺지 않으면 자신이 버림받은 것이라고 생각합니다. 자기의 중요한 일부가 상실되었다고 느끼기 때문에 일단 자기의 자아에 포함시켜 놓는 것이 급선무입니다. 그 대상이 자기에게 떨어져 나가면 불안해하고 관계가 유지되면 그때는 애증을 가지며 괴롭힙니다. 그가 도망가면 배신감을 느끼면서도 돌아와 달라고 울고 매달리는 지긋지긋한 패턴을 반복합니다. 자신도 고통스럽지만 그런 관계라도 유지하는 것이 그나마 더 낫다고 믿기 때문이지요. 그러나 스토커들은 인간관계가 미숙한 사람들입니다. 어쩌다 피해자와 진지하고 깊이 있는 진짜 '관계'가 형성되면 겁을 먹고 도망가는 어처구니없는 양상을 보이기도 합니다.

3) 가정환경으로 인한 성격 형성이 중요한 원인이군요. 스토커도 참 불쌍한 사람이라는 생각이 드네요.

스토커들은 자아가 건강하지 않으며 정체성에 혼란이 있는 사람입니다. 하지만 그들을 불쌍한 사람으로 보기에 앞서 피해자의 입장을 먼저 생각해야 합니다. 그 대상이 되는 사람들의 고통은 당해보지 않은 사람은 정말 모를 정도입니다. 스토커의 사랑은 병적으로 변질된 비정상적인 감정입니다.
일반적으로 스토킹도 스토커와 피해자의 관계를 중심으로 몇가지 유형으로 구분될 수 있습니다. 첫번째 유형은 선(先)관계 스토킹입니다. 스토커와 피해자가 이전에는 친밀한 관계였으나 지금에 와서는 관계가 끝난 상태입니다. 가장 흔한 경우는 한쪽이 이별을 선언하고 다른 한쪽은 이를 받아들이지 못하는 상태입니다.
두번째는 관계지향적 스토킹입니다. 스토커와 피해자 사이에는 아무런 관계가 없다가 스토킹함으로써 관계가 생겨납니다.
스토커는 피해자가 자신을 인식해 주기를 바라는 마음에서 시작하기 때문에 그 대상이 자기를 상대하고 반응하며 화내고 또 용서하는 과정을 통해 자신과 아주 밀접한 관계가 되었다고 믿습니다. 대표적인 예가 연예인에 대한 스토킹입니다. 연예인 중에서도 부드럽고 인자하며 따뜻한 이미지의 연예인이 그 대상이 되는 경우가 많습니다. 화려하고 멋있어도 날카롭고 차가운 이미지의 연예인은 일차적인 고려대상이 아닙니다. 그는 잘 받아줄 것 같지 않거든요. 연예인들의 입장에서는 자기에게 집착하는 것이 열성 팬의 호감 때문인지 스토킹하는 것인지 구별을 하기 힘듭니다. 그래서 그들에게 전화도 걸어주고 집에 초대해서 차를 대접하는 경우가 있습니다. 그 상황에 이르면 스토킹하는 사람은 중요한 목적을 우선 달성한 것입니다. 그러나 이들은 호감을 느끼는 상대에게 사랑을 얻고 싶어 하지만 그 방법이 너무 서툴기 때문에 거절당하는 경우가 대부분입니다. 연예인들도 팬이라고 하기에는 지나친 그들의 행동에 부담을 느껴 결국 그를 멀리할 수밖에 없거든요. 그러면 배신감을 느끼면서 끔찍한 방법으로 자신의 분노를 표출하게 됩니다. 사람들은 팬을 자처하는 사람이 어떻게 그 연예인을 폭행할까라고 의아해하지만 스토커는 상대에게 화를 내며 자신의 감정을 나타내는 것이지요.

세번째는 무관계 스토킹입니다. 이 경우는 스토커가 자신이 상처입고 모욕당했다고 생각하기 때문에 그 대상을 집요하게 처벌하려고 합니다. 일단 이런 상황이 되면 복수하겠다는 생각만 합니다. 이 경우에는 사랑이라는 감정과는 무관합니다.

스토킹도 성별에 따라 양상이 조금 다릅니다. 남성 스토커들은 통제, 지배, 억압, 영속성의 특징을 띄는 경향이 있습니다.

이에 비해 여성 스토커들은 성적인 행동을 주로 합니다. 유혹해서 남자의 반응을 이끌어내고 그 사건을 빌미로 관계를 유지하려고 합니다. 상대를 안 해주면 책임을 지라고 하거나 자기가 고통받고 있음을 상기시켜 죄의식을 유발하게 하는 방법을 주로 사용합니다. 일반적으로 스토킹은 성욕과 공격성이 긴밀하게 결합되어 있기 때문에 강간, 의처(의부)증, 망상 등의 증상과도 연결되는 경우가 많습니다. 모든 살인사건의 25%는 이혼당한 남편이 아내를 죽이거나 버림받은 남자가 옛 애인을 살인한 경우라고 알려져 있습니다. 스토커들은 지적 능력이 높은 경우가 많아 법망을 피해서 상대에게 교묘하게 접근하는 방법들을 연구하기도 합니다. 많은 사람들은 피해자가 무슨 원인 제공을 한 것이 아닌가하고 의심하지만 누구를 만나든 스토커들은 원래 그런 사람입니다.

4) 스토커를 식별할 수 있는 기준 같은 것이 있을까요?

사실 임상장면에서는 절대적인 기준이라는 것이 없습니다. 그러나 아래와 같이 어느 정도 단서가 있습니다.

① 첫 대면한 상대방에게 '자기얘기'를 자세하게 설명하려 든다.
스토커는 첫 대면한 상대방에게 묻지도 않는 자신의 얘기를 장황하게 늘어놓는 경향이 있습니다. 오직 자기 얘기만을 하고 상대방의 말은 전혀 들으려하지 않기 때문에 대화는 일방적입니다. 예컨대 "다음 주 월요일에 시간 있습니까?" 라고 물으면 "선약이 있다"고 간단히 답하는 것이 아니라, "월요일에는 회의, 화요일에는 동창회, 그리고 수요일은 영어 학원, 목요일에는 등등"식으로 자신의 스케줄을 자세하게 얘기하는 식입니다.

② 얼굴을 직접 대면하는 것보다 매체에 집착한다.
편지를 즐겨 쓰는 것도 스토커의 특징입니다. 워드나 볼펜으로 자기소개를 상세하게 써서 상대방에게 보냅니다. 사진을 보여주고

싶어 해서 사진을 동봉하는 경우도 많습니다. 상대방의 사정은 전혀 고려하지 않고 마구잡이로 전화를 걸어대는 경우도 있습니다. 상대방으로부터 따돌림받는 것을 불안해하는 스토커로서는 상대방과 항상 이어져 있다는 심리상태를 유지하고 싶기 때문이지요.

③ 상대방을 테스트한다.

스토커는 사람들을 믿지 못한 나머지 상대방을 테스트하고 싶어 합니다. 갑자기 울음을 터뜨리거나 방금 했던 질문을 반복하여 상대방의 반응을 관찰하곤 하지요. 스토커는 불안이 높고 사람들을 불신하기 때문에 기회가 있을 때마다 상대를 테스트 합니다.

④ 친한 사이도 아닌데 비싼 선물공세를 한다.

스토커는 한 번밖에 만나지 않은 사람에게도 갑자기 프러포즈를 하거나 반지를 보내기도 합니다. 반지를 보내는 이유는 쉽게 눈에 띄어 자신의' 소유물'임을 확인할 수 있기 때문입니다.

눈에 보이지 않는 향수 같은 물건은 스토커에겐 선물로서의 의미가 별로 없습니다. 그들에게는 눈으로 확인할 수 있는 증거가 절실하게 필요합니다.

⑤ 타인에 대한 평가가 불안정하다.

스토커는 감정기복이 대단히 커서 다른 사람에 대한 평가가 자주 바뀝니다. 높이 평가하는가 하면 갑자기 비난하기도 합니다. 충동적이고 정서가 불안정하여 인간관계가 오래 지속되지 않으며 당연히 친구가 거의 없습니다.

⑥ 적과 아군을 구별하려 한다.

스토커는 'YES or NO', 'all or nothing'의 흑백논리를 주로 사용하고, 모든 현상을 이분법적으로 단정하는 경향이 있습니다. 대인관계도 이러한 사고를 기준으로 사람을 판단하기 때문에 내 편이라고 생각되는 사람은 지극히 편애하면서 몸과 마음을 주지만 일단 적이라고 판단되는 사람에게는 냉혹한 태도를 취합니다.

⑦ 일단 화를 내면 자제심을 잃는다.

스토커는 뜻대로 일이 되지 않으면 무섭게 화를 냅니다. 그리고 일단 자제심을 잃으면 거의 통제가 되지 않습니다. 자신의 요구가 받아들여지지 않으면 폭력을 휘두르거나 주위에 있는 물건을 파괴해서 해소하려는 경향도 있습니다.

⑧ 정보에 대단히 민감하다

스토커는 끊임없이 안테나를 세워서 정보를 수집합니다. 교묘하게 주위사람으로부터 정보를 입수하고, 정보 수집을 위해서는 도청을 하거나 쓰레기를 뒤지는 일마저도 서슴지 않습니다. 상대방이 전화번호를 바꾸거나 이사를 해도 수단과 방법을 가리지 않고 찾아내고야 맙니다. 옷차림에 대해 신경을 쓰기 때문에 최신 유행에도 민감합니다. 그래서 전혀 이상한 사람처럼 보이지 않습니다.

⑨ 의외로 능력을 갖추고 있다.

스토커는 일반적으로 착실하고 섬세하며 머리도 나쁘지 않습니다. 그래서 몇 가지 일을 동시에 처리하는 능력이 있으며, 집념이 강하여 아무리 어려운 일이라도 끈기 있게 해내는 우수한 인재로 평가받기도 합니다. 그리고 상대방에 따라 의식적으로 대응하기 때문에 마음에 드는 부하나 후배의 일을 잘 도와줍니다. 그래서 믿음직하고 든든한 사람라고 평가받는 경우도 많지요. 정보를 조작해서 사람을 조종하는 것이 능숙해서 윗사람에게 연락도 잘하며, 교묘하게 자기주장도 잘합니다. 그래서 윗사람에게 인정받고 출세하는 경우도 적지 않습니다. 조직의 핵심을 차지하는 엘리트 중에서 스토커적인 특성을 가진 사람이 의외로 많습니다.

5) 영화에서 보았던 끔찍한 장면들이 생각나는군요. 스토킹의 피해자는 어떻게 대처해야 할까요?

상황과 정도에 따라 조금 다르지만 아래의 대처 방법들을 사용하는 것이 좋습니다.

① "NO"라고 분명하게 거절하고 무시한다.
먼저 "NO"라고 분명하게 거절하고 그것이 통하지 않을 때에는 상대방의 존재 자체를 무시하면서 상대하지 않는 것이 중요합니다. 스토커에게는 말귀가 통하지 않으며 화를 내면 낼수록 상대방은 그 반응을 즐기거든요. 전화를 걸어와도 "도대체 너 누구야? 경찰에 신고할 거야!"라는 과잉반응을 보여서는 안 됩니다. 스토커가 어떤 말을 걸어와도 일일이 대답해서는 안 됩니다. 침착하게 말없이 끊는 것이 상책입니다.

② 스토킹과 관련된 증거는 아무리 사소한 것이라도 보존한다.

계속 스토커 행동이 이어진다고 판단될 경우, 스토커가 보낸 편지나 선물, 그리고 자동녹음전화에 녹음된 테이프 등은 아무리 기분이 나쁘더라도 보존해야 합니다. 스토킹을 당한 날짜와 장소 등 피해상황도 일일이 기록해 두는 것이 좋습니다. 증거를 확보하는 것은 스토킹 피해를 입고 있다는 사실을 주위사람이나 경찰로 믿게 하는 것이며, 나중에 소송을 제기할 경우에도 유리합니다.

③ 주위사람을 내 편으로 만든다.

우리사회에는 안타깝게도 스토킹 피해를 잘 이해해주지 않는 풍토가 있습니다. 성적 폭력이나 스토킹을 당한 피해자에게 뭔가 책임이 있을 거라는 편견이 있지요. 그래서 스토킹 피해를 호소하더라도 "네가 상대방을 꼬였겠지"라고 보는 사람도 있습니다. 특히 스토커가 소문을 퍼뜨리는 경우도 많기 때문에 문제해결이 더욱 어려워지는 경우가 많습니다. 이러한 경우에는 사진 등의 증거를 공개해서 자신이 입은 피해를 가족, 친구, 동료들에게 알려 주위사람에게 주지시킬 필요가 있습니다. 경우에 따라서는 피해자 대신에 주위사람들이 항의를 해주는 경우가 있기 때문에 효과적인 대응방법입니다.

④ 문단속을 철저히 한다.

스토커는 집에 몰래 들어와 자신이 왔다갔다는 증거를 남기는 등, 주거침입도 불사합니다. 몰래 침입하여 일기장을 훔쳐보고

도청기까지 장치하는 경우도 있습니다. 집에 있을 때 침입하면 폭행은 물론 살인까지도 저지르는 경우가 있기 때문에 조심해야 합니다. 그래서 일부러 전등이나 TV를 켜두는 것도 하나의 방법입니다. 스토커도 불이 켜져 있는 방에는 부담을 느끼고 침입하기 어렵거든요. 그들은 아주 집요하다는 것을 기억해야 합니다. 혼자 사는 여성의 경우에는 거처를 옮기고 극단적인 경우에는 경보장치를 설치하는 것도 좋습니다.

⑤ 개인정보는 스스로 관리한다.

자신의 개인정보가 기록되어 있는 신용카드 영수증이나 읽고 난 편지 등을 함부로 버리지 말고 완전히 태워버리는 것이 좋습니다. 컴퓨터에 자신의 정보를 입력하지 말아야 하며, 홈페이지에 자신의 프라이버시 정보를 필요 이상으로 공개하다가는 '사이버 스토커(cyber stalker)'의 표적이 될 수가 있습니다. 미국에서는 50대 남자가 자신이 따라다닌 여인이 자신을 거부하자 인터넷을 이용하여 그 여인이 강간을 원하는 색정적인 여자인 것처럼 묘사한 사건이 있었습니다. 그래서 결국 다른 남자가 그녀를 성폭행하도록 유도하였습니다. 그 사람은 캘리포니아 법에 따라 사이버 스토킹 위반 혐의로 구속된 최초의 사례가 되었습니다.

⑥ 반드시 경찰에 신고한다.

스토킹 피해를 입으면 혼자서 대처하려 하지 말고 안심하고 상담할 수 있는 친구나 변호사, 그리고 시설을 발견하는 것이 중요합니다. 혼자서 고민해봐야 불안감만 증폭될 뿐입니다. 그리고 스토킹 피해는 반드시 경찰에 신고해야 합니다. 경찰에 신고하면 긴급한 경우에 신속히 출동해줄 것이며 순찰을 해주기도 합니다. 신고는 파출소가 아니라 경찰서에 가서 직접 신고를 하는 것이 좋습니다. 가급적 높은 직위의 경찰관을 만나서 호소해야 빠른 조치를 기대할 수 있습니다.

⑦ 주소를 옮긴다.

스토커를 피하는 최후방법으로 전화번호를 변경하고 사서함을 개설하여 개인정보가 유출되지 않도록 하며, 이사를 하거나 직장을 옮기는 것도 생각해볼 수 있습니다. 이사를 하는 경우에는 스토커도 모르도록 비밀리에 이사를 해야 한다는 점이 중요합니다. 전화번호를 바꾼 경우에는 전화번호부에 전화번호나 주소를 싣지 않아야 하며, 특별한 경우가 아니고서는 회원명부 등에 주소나 전화번호를 기재하지 않는 것이 좋습니다. 통신판매회사로부터 주소를 알아내어 피해를 입은 사례가 있으므로 당분간은 우편물을 집으로 발송하지 않는 사전 조치를 취해야 합니다.

14. 양복 입은 뱀 - 사이코패스

1) 인터넷에 연쇄 살인범의 팬카페가 생기는 어처구니없는 일을 보며, 문득 이런 행동을 하는 사람들의 심리가 궁금해집니다. 사이코패스 심리검사도 유행하던데요?

먼저 용어를 정리할 필요가 있습니다. 학자의 관점에 따라 정신병질(psychopathy, 사이코패스), 사회병질(sociopath) 또는 반사회성 성격장애(Antisocial Personality Disorder, APD)라는 용어를 씁니다. 정신병질은 로버트 헤어가 발표한 정신병질 평가표-개정판(Psychopathy Checklist-Revised, PCL-R)에 근거한 개념이고, 사회병질 또는 반사회성 성격장애는 정신장애 진단편람(1993)(Diagnostic and Statistical Manual for mental disorder; DSM)의 진단기준에 의한 것입니다. 정신병질 개념은 유전적 요인을 중요시하고, 사회병질 개념은 사회적 요인을 더 중요시한다고 보는 견해도 있지만 그냥 두 용어를 동의어로 보는 학자들도 있습니다. 일반인들이 말하는 사이코(psycho)라는 말은 정신병질자(psychopathy)와 미친 사람(insane)을 의미하는 정신병자(psychosis)의 개념을 모두 포괄한 용어입니다.
이 개념에 의하면 현재 인터넷 등에서 돌아다니는 검사들은 대부분 국적불명의 믿을 수 없는 검사입니다. PCL이나 DSM같은 공식적인 기준도 아닐 뿐 아니라 오해의 소지가 많습니다. 제가 확인해보니 사회성이 다소 부족하거나 괴팍하고 심지어는 개성이 강한 사람도 사이코패스로 진단하더군요. 심리검사는 오랜 통계적인 검증과 과학적인 분석이 갖추어져야 하는 고도의 전문 분야입니다. 진단은 전문가들도 신중한 분야이니 이상한 검사들을 믿거나 남용하지 마시기 바랍니다.

2) 사이코패스는 어떤 사람들인가요? 임상가의 관점에서 공식적인 기준은 무엇인가요?

정신병질자의 가장 핵심적 특징은 공감능력(sympathy)의 결여입니다. 물론 이 경우도 정신지체 때문에 도덕적 판단 능력이 없는 경우나 정신병 때문에 제정신이 아닌 경우, 그리고 명백한 뇌 손상(예컨대 뇌종양이나 뇌졸중)이나 약물 중독이 원인인 경우에는 이 기준을 적용할 수 없습니다. 정신병질자는 다른 면에서는 멀쩡해 보이는데 도덕적인 측면에서는 보통 사람들과 전혀 다릅니다. 잘못을 저지르고도 후회하지 않기 때문에 당연히 죄책감이나 동정심 등을 전혀 또는 거의 느끼지 못합니다. 그들이 머리가 좋고 용의주도한 것 같지만 반드시 그런 것은 아닙니다.

그들은 나쁜 짓을 하거나 잘못을 해도 당황하거나 흥분하지 않습니다. 그래서 증거를 잘 남기지 않는 것뿐입니다. 우리 같은 사람이 얼떨결에 그런 일을 하면 너무나 당황한 나머지 현장에 핸드폰을 두고 올지도 모릅니다. 금방 잡히겠지요. 그들은 나쁜 짓을 해도 침착합니다. 차갑고 냉정하며 뻔뻔스러운 것이 특징입니다. 그래서 양복 입은 뱀이라고 표현하기도 합니다.

3) 사이코패스를 우리 주변에서 보긴 힘든데요. 연구는 어떻게 이루어지나요?

정신병질자들이 흔한 것 같지만 실제로는 발견하기가 어렵고 또 연구하기도 쉽지 않습니다. 기본적으로 정신병질자들은 자신의 진짜 성격을 숨길 강력한 동기가 있습니다. 정신병질자들을 대수롭지 않게 여기고 반기는 나라는 세계 어디에도 없습니다. 이들이 사기적인 성향을 계속 발휘하기 위해서는 자신의 성향을 감추는 것이 핵심입니다. 따라서 임상가나 연구자들에게도 자신의 본 모습을 기를 쓰고 숨기고자 합니다. 지금까지 많은 연구자들은 이미 감옥에 갇힌 기결수들을 주로 연구했습니다.

그들은 이미 낙인이 찍힌 상태이기 때문에 자신의 성격을 숨길 이유가 없습니다. 그러나 그들에게도 가석방 등의 문제가 있기 때문에 완전히 솔직할 것이라고 기대할 수는 없습니다. 상습적으로 남을 속이는 것이 정신병질자의 습성이라는 점도 연구에 방해가 됩니다. 그들은 일반 정신과 환자에 비해 10분의 1도 진실을 말하지 않습니다. 그래서 임상장면에서는 반사회적 성격장애와 다양한 정신과적 증상이 어떻게 연관되는지를 통해 이 실체를 확인하곤 합니다.

4) 연쇄 살인마를 사이코패스라고 추정하는 경우가 많지요? 왜 이들은 연쇄 살인마가 되었을까요?

'살인자의 마음'을 저술한 조지타운 대학의 조나단 핀커스 박사는 살인자들의 가장 두드러진 특징으로 뇌 전두엽 손상과 아동기의 학대경험을 꼽았습니다. 대개의 살인자들에게서는 이 두 가지 특징이 공통적으로 발견됩니다.

전두엽은 감정을 통제하는 뇌 영역입니다. 그들은 살인이나 아동성 착취 같은 행위가 나쁘다는 것을 이성으로는 알지만 감정으로는 수긍하지 못하는 특징이 있습니다. 예를 들어, 교통사고로 전두엽이 손상됐던 어떤 사람의 경우, 겉으로는 완쾌되었지만 이후 몇 차례나 거듭 교통사고를 일으켰습니다. 그는 도로 중앙분리대를 들이받으면 안 된다는 것을 알면서도 피하지 않았다고 답변했습니다. 살인자들의 경우도 그와 비슷하다고 합니다. 이성으로는 나쁘다는 것을 알지만 그들의 감정은 살인을 지지하는 것입니다.

특히, 아동기의 학대경험은 모든 살인자에게 공통적으로 나타나는 부분입니다. 무엇보다도 아버지의 부재가 두드러진 특징입니다. 아버지는 육신의 아버지라는 점보다도 기성사회의 질서와 가치관을 대변하는 인물입니다. 아이의 사회화 과정에서 중요한 준거가 됩니다. 아이는 아버지를 모방하고 기준으로 삼으면서 사회질서를 체득하고, 법과 질서를 내면화합니다. 아버지가 불성실하며 사회에 반하는 가치관과 행동을 보일 때, 자녀도 사회의 규칙을 무시하거나 이에 저항할 가능성이 높습니다. 당연히 아버지에게 받는 갈등과 좌절은 정신건강에 위험요인입니다. 히틀러도 아동기에 계부에게서 죽을 지경의 모진 매를 당하면서 성장했습니다. 또 마피아단의 경우에도, 살인범죄에 가담한 이들은 거의 다 아동학대를 겪은 사람들이었음이 확인되었습니다. 아동에 대한 학대 특히 성적 학대는 심리적으로나 신체적으로 치명적인 손상을 끼칩니다. 그리고 그 후유증은 잠재되어 있다가 성인기에 이르러 비로소 튀어나오는 경우도 많습니다.

5) 사이코패스가 오랜 세월에 걸쳐 형성되는 것이라면 무슨 구체적인 전조증상이 있을 것도 같은데요.

사이코패스는 진단 규준 상 반사회적 성격으로 알려져 있으며 이 증상은 품행장애(Conduct disorder)의 전조증상들을 보입니다. 동물학대, 거짓말, 사기나 절도, 잦은 이직, 성적 문란, 가정에서의 무책임, 방화 등이 이에 해당합니다. 강호순의 경우도 하사관 시절 소를 훔치다 경찰에 붙잡힌 것을 시작으로 특수절도 2회 등 총 9범의 전과를 기록했습니다. 덤프트럭 운전·양봉·양계·스포츠 마사지 등 여러 직업을 전전하기도 했습니다. 네 차례의 결혼 생활도 순탄치 않아 전처들은‘ 폭력적인 남편’으로 그를 기억했습니다. 특히 1995년 트럭 화재, 2000년 1월 점포 화재, 2005년 장모 집 화재 등 보험금을 노려 방화했을 가능성도 추정되고 있습니다. 한때 개를 키웠던 그가 직접 개들을 도살해 팔았던 것도 동물학대의 한 측면으로 보입니다.

6) 사이코패스의 증상들이 뚜렷했군요. 이러한 해석 이외에 혹시 다른 진단의 가능성은 없나요?

일단 강호순도 사이코패스의 가능성이 가장 높지만 이러한 증상만으로는 진단을 단정해서는 안 됩니다. 많은 전문가들은 강호순과 마찬가지로 유영철의 경우도 사이코패스라고 확신하는 것 같습니다. 그러나 저는 임상가의 관점에서 지난 번 유영철의 경우는 분열형 성격(schizoid personality)일 가능성도 있다고 생각합니다. 이 성격은 정신장애 진단 및 통계편람(DSM)에서 반사회성 성격장애와는 다르게 진단하는 성격장애입니다.

분열형 성격장애는 사회로부터 고립되어 사고체계가 서서히 괴이하게 변하는 것이 그 특징입니다. 그는 오랫동안 사회 교류가 없으면서 자신의 특이한 생각을 교정할 기회가 없었던 것 같습니다. 유영철은 외톨이였습니다. 그는 시체가 잘 절단되지 않자 개를 잘라가며 연습을 했고, 자기의 전신을 사진찍어 가며 접합 부위의 특징을 연구했습니다. 이러한 행동은 그가 사회적 고립으로 인한 소위' 마술적사고(magical thinking)'에 몰입되어 있었던 것이 아닌가하는 추측을 하게 됩니다. 이에 비해 강호순은 깊이 있고 진지하게 교류한 사람은 거의 없었지만 사회적인 관계가 나름대로 활발했었기 때문에 여러모로 판단할 때 분열성 성격보다는 반사회성 성격장애인 사이코패스에 가깝습니다.

7) 사이코패스라는 성격 특징이 전두엽 손상이나 아동기 학대 때문이라고 말씀하셨는데 이러한 설명 이외에 또 다른 이론은 없나요?

최근에 심리학 분야에서 대단히 인기가 있는 진화 심리학적인 관점으로 설명할 수도 있습니다. 현재 진화 심리학자들은 정신병질을 일부 악질적 인간에게는 대단히 적응(adaptation)적인 전략일 수 있다는 점에 주목합니다. 즉, 정신병질자가 남을 등쳐먹는 전략으로 진화되었다는 생물학적 관점입니다. 정신병질자들도 생존과 번식이라는 진화적 대전제를 따르지만 대다수의 평범한 인간들과는 다소 다른 짝짓기 전략을 취합니다.

기본적으로 남자와 여자가 짝을 찾는 성 선택 과정에서는 비율의존선택(frequency dependent selection)이라는 개념을 이해할 필요가 있습니다. 남자와 여자의 성 책략 중 어느 것이 더 유리할지는 전적으로 남녀의 비율에 달려 있습니다. 만약 여자가 많다면 남자로 태어나는 것이 번식에 유리하고, 남자가 많다면 여자로 태어나는 것이 유리합니다. 이것을 비율의존선택이라고 합니다. 남녀의 비율에 따라 성 선택 전략이 달라질 가능성이 높습니다.

비율의존선택은 암수 결정에만 적용되지 않습니다. 여러 동물들 중에는 이를 악용하면서 양심 없는 전략을 취하는 동물들이 있습니다. 어떤 곤충은 자식을 키우기 위해 굴을 팝니다. 그런데 그 종의 동물들 중에는 남이 파 놓은 굴을 빼앗는 전략을 취하는 것들도 있습니다. 이때에도 비율의존선택이 작동합니다. 자신이 굴을 파는 개체들이 아주 많고 남의 굴을 빼앗는 개체가 매우 적다고 가정해 보십시오. 그러면 빼앗는 전략이 유리합니다. 빼앗을 수 있는 굴이 많기 때문이지요. 반면 그 반대로 굴을 파는 개체들은 거의 없고 빼앗는 전략을 쓰는 개체는 아주 많다고 가정해 보십시오. 빼앗을 수 있는 굴을 발견하기가 힘들기 때문에 그 경우에는 빼앗는 전략이 불리합니다. 빼앗을 수 있는 굴을 찾기 위해 엄청난 시간을 헤매는 동안 차라리 자신이 굴을 파는 것이 나을 것입니다. 또한 빼앗는 전략을 쓰는 개체가 많아지면 굴을 두고 서로 싸울 가능성도 커집니다.

어떤 곤충의 경우 수컷들이 암컷에게 주기 위해 일종의 선물을 마련합니다. 암컷은 이 선물을 먹고 그 대가로 수컷에게 짝짓기 기회를 제공합니다. 수컷들은 이 선물을 마련하기 위해 애를 씁니다. 그런데 어떤 수컷들은 암컷 흉내를 내서 다른 수컷들로부터 그 선물을 훔칩니다. 이 경우에도 비율이 중요합니다. 도둑전략을 쓰는 개체가 너무 많다면 도둑질을 하기가 힘들어집니다. 훔칠 수 있는 선물은 적은데 도둑들은 많기 때문이지요.

정신병질의 적응가설은 남의 굴을 빼앗거나 남의 선물을 훔치는 비열한 전략과 비슷합니다. 선량한 사람들이 다수라면 소수의 정신병질자가 성공할 수 있는 유리한 환경이 됩니다. 소수의 정신병질자가 다수의 선량한 사람들을 성적으로 사기치면서 짝짓기 행동을 하고 이러한 수단에 의지하면서 진화했다는 관점입니다. 정신병질자의 적응가설은 성적인 사기 행동을 성공시키려는 명백한 목적이 있습니다.

8) 사이코패스가 성적인 사기 행동(sexual cheating behavior)때문에 진화했다는 해석은 참 새로운 관점인데요? 구체적으로 설명해 주시지요.

에드워드 윌슨의 R/K 선택이론(R/K selection theory)을 적용할 수 있습니다. 여기서 R은 번식(reproduction)이고 K는 생존(survival)을 지칭하는 함수용어입니다. 번식을 한다는 것은 자기는 죽을 지라도 자신의 유전 정보가 모두 담긴 자식을 남긴다는 점에서 내가 사는 것이며 자식을 낳는 한 영원히 사는 것이라고 말할 수 있습니다. 진화가 영원히 진행되는 것이지요.

극단적인 R전략은 수많은 자식을 낳아 놓고 전혀 돌보지 않는 것을 말합니다. 어류의 여러 종이 이런 전략을 취합니다. 엄청난 수의 알을 낳아 놓고 그중에 소수라도 번식할 때까지 살아남기를 '바라는' 것입니다. 반면 극단적인 K전략은 극히 적은 수의 자식을 낳아서 지극 정성으로 돌보는 것을 말합니다. 자식을 생존시켜야 하기 때문에 이 방법을 취하는 것입니다. 인간은 극단적인 K전략에 가깝습니다. 동물계에는 극단적인 R전략에서 극단적인 K전략에 이르기까지 온갖 중간 전략들로 가득 차 있습니다. R전략과 K전략은 이분법적으로 구분되는 것이 아니라 스펙트럼 상에서의 정도 차이입니다.

침팬지의 경우 전체적으로 보면 K(생존)전략에 가깝고 암컷의 경우에는 영락없는 K전략입니다. 암컷은 태아를 자궁 속에서 키우다가 태어난 이후에는 젖을 먹이면서 몇 년간 더 키웁니다.

젖을 뗀 이후에도 암컷은 몇 년간 더 자식을 돌봅니다. 반면 수컷의 경우에는 R(번식)전략에 가깝습니다. 침팬지 수컷이 하는 일이라고는 정자를 제공하는 것이 사실상 전부이고 게다가 영장류 중에서도 가장 난잡한 성생활을 합니다.

과거 사냥-채집 사회에서는 남자도 이런 R전략을 취했을 것입니다. 남자의 진화적 관점에서는 최대한 여러 명의 여자와 성교해서 많은 자식을 보는 번식 전략이 유리했을 것입니다. 그들에게는 자식 돌보기보다 다른 여자를 유혹하거나 강간하는 방법이 더 효율적인 진화 방법이었습니다. 그러나 현대에는 결혼을 할 뿐만 아니라 남자도 자식 돌보기에 엄청난 투자를 합니다. 인간 남자의 자식 돌보기는 여자에 비하면 상대적으로는 미약하지만 침팬지 수컷에 비하면 엄청납니다. 바람을 피면서 R전략을 취하는 남자도 있지만 일반적으로 남자도 번식(R)보다는 생존(K)전략을 취하는 경향이 뚜렷합니다.

진화 심리학자들은 정신병질자들이 대다수의 남자들이 취하는 K전략 대신 R전략에 전문화되어 있다고 설명합니다. 정신병질자의 카사노바 전략이 성공하기 위해서는 일반 남자들보다 더 많은 성적 교섭을 시도해야 합니다. 문제는 여자들이 쉽게 성교에 응하지 않는다는 것입니다. 따라서 쉽게 성교에 응하지 않는 여자와 성교를 하기 위해서는 두 가지 방법이 있습니다.

첫째, 자신이 여자를 매우 사랑한다고 여자가 믿도록 만드는 것입니다. 따라서 매너로 무장하고 좋은 차를 타며 그 여자에게 집중하는 행동을 합니다. 물론 다 성행위를 위한 사기적인 목적이 있습니다. 두번째 방법은 여자를 강간하는 방법을 취할 수 있습니다. 사이코패스가 성적으로 난잡하거나 이 관계에 병적으로 집착하는 것은 그 이유 때문일 수 있습니다.

9) 남자 사이코패스가 번식에 초점을 두는 건 이해가 되는데, 여자도 사이코패스가 있잖아요. 생산의 주체인 여자는 무한히 번식할 수 없기 때문에 이 전략을 취할 수 없을 것 같은데요.

아주 좋은 지적입니다. 원시사회에서 어머니마저도 번식 위주의 전략을 취했다면 아이의 생존은 불가능했을 것입니다. 남자의 경우 번식전략에 치중함으로써 유전자를 남기는 방법이 있었지만, 생산의 주체인 여자는 아이를 많이 낳을 수 없기 때문에 번식(R) 전략보다는 생존(K)전략이 더 유리합니다. 여자의 입장에서는 어쩔 수 없는 진화적인 선택이었지요. 즉, 소수의 자녀를 더 집중적으로 돌보면서 생존시키는 것이 자신(여성)의 유전자를 전달하려는 진화적인 목적을 더 충족시킬 수 있습니다. 따라서 정신병질이 R전략에 치우치면서 진화한 관점이라면 여자의 경우에는 정신병질이 없거나 적을 것입니다. 실제로 모든 문화권에서 정신병질자는 남자가 압도적으로 많습니다.

10) 사이코패스가 극단적인 번식(R)위주 전략으로 진화한 것이라는 설명도 타당한 근거가 있군요. 강호순의 경우도 이러한 관점으로 설명할 수 있나요?

연쇄 살인범 강호순은 사이코패스라고 추정됩니다. 그러나 현재로서 그의 경우, 전두엽 손상의 증후가 확인되지 않았습니다. 그리고 다른 연쇄 살인범들과는 달리 아동학대의 경험등도 뚜렷하게 발견되지 않았습니다. 그래서 정신병질자가 기본적으로 속임수에 능하다는 진화적인 전제에서 살인으로 이어지는 그의 성적인 행동을 해석한 것입니다. 극단적인 R전략의 경우에는 여자가 성교를 허락하여 임신을 할 때까지만 사랑하면 충분합니다. 그리고 그 이상 사랑하는 것은 이들의 관점에서는 부적응입니다. 여자를 임신시켰다면 다른 여자를 임신시키기 위해 또 다른 여자를 찾는 것이 이들에게 더 유리합니다. 그래서 그는 네 번이나 결혼했고 끊임없이 여성들을 찾아다녔습니다.
자식도 여러 명 낳았고 부인을 불태워 죽이면서 자식은 구했며 보험사를 상대로 사기행각을 벌였습니다. 어머니 없는 자신의 자식들에게 돈을 남겨줄 수 있다는 생각으로 자서전을 쓸 생각도 했습니다. 죽은 사람의 아픔에는 무관심한 공감 결여도 뚜렷하게 나타났습니다. 이런 관점에서 그의 행동은 사이코패스의 진화방식과 유사합니다.
저는 사이코패스가 어렸을 때 가정 폭력의 경험이 있었거나 아니면 범죄적 유전인자 때문에 생긴 것이라는 해석 이외의 설명도 가능하다는 점을 말씀드린 것입니다. 수도권의 특정지역에서 살인 사건이 많이 발생하는 현상을 도로망이 잘 연결되어 있고 도주가 용이하기 때문이라는 해석도 있더군요. 그러나 조금 다른 관점에서 생각해 볼 수도 있습니다. 현대 도시는 익명 사회입니다. 게다가 다른 도시로 이사가기도 쉽습니다. 매우 비양심적으로 행동하다가도 다른 도시로 이사가면 나쁜 평판이 무효화됩니다. 우리 조상들이 진화한 사냥-채집 사회는 투명 사회였습니다. 모든 사람들이 그 사회 구성원들의 악행에 대해 훤히 알고 있었습니다. 사냥-채집 사회는 도시 사회보다 사이코패스에게 매우 불리한 환경이었습니다. 따라서 정신병질이라는 특성은 도시화가 진행되면서 진화한 부산물일 가능성이 있습니다. 수도권은 거대하며 급속히 도시화가 진행되고 있고 공동체적 특성이 약화된 지역일 수 있습니다. 이질적이고 무관심한 이웃들이 보다 많이 모여 있는 지역이기도 합니다. 사기적인 사이코패스의 평판이 가려지고 이에 무관심할 수 있다는 점이 그들이 선호하는 지역이 된 것이지요.

15. 내 남자친구의 비밀 - 데이트 폭력

1) 데이트폭력은 데이트 중 신체적인 폭행을 가한다는 뜻인가요?

데이트폭력은 "결혼하지 않은 상태에서 교제하는 사람들 간에 일어나는 신체적, 성적, 심리적 폭력"이라고 정의할 수 있습니다. 따라서 신체적인 것만을 의미하지 않으며 주로 남자가 가해자이지만 반드시 남자만 행하는 것은 아닙니다. 데이트 폭력은 신체적 폭력(신체에 가하는 난폭한 행동으로, 밀치거나 뺨을 때리거나 목을 조르거나, 물건을 던지고, 손이나 발로 때리는 것과 같은 상해를 입히는 행동), 심리적 폭력(상대에게 모욕을 주고 욕설을 내뱉거나 위협하고 협박을 하며 물건을 부수는 것과 같은 행동), 성적폭력(상대의 동의 없이 강제로 성적 행위를 하거나 또는 성적행위를 강요하거나 위협하는 것과 같은 행동)을 모두 포괄하는 개념입니다.

2) 도대체 어떤 사람이 데이트 폭력을 행사하나요?

우선 개인적 특성에 주목할 필요가 있습니다. 개인적 특성이란 개인적인 경험, 태도, 성격특성과 같이 비교적 안정적이고 지속적인 요인을 말합니다. 이와 관련된 여러 가지 특성이 알려져 있습니다. 이들은 기본적으로 자아 존중감이 낮습니다. 이런 사람들은 무시 받았거나 의견이 존중받지 못하면 참지 못합니다. 그들은 성장기에 폭력에 노출된 경험이 있습니다. 아버지가 아내를 구타한 경우가 많았습니다. 폭력에 대한 허용도도 높습니다. 이것은 폭력으로 갈등을 해결할 수 있다는 잘못된 믿음 인데 매스미디어의 영향이 큽니다. 통제력이 부족하고 결과에 대한 예측이 부정확한 특징이 있는데 이것은 주로 충동성이라는 성격특성과 관련이 있습니다. 중독성의 성격특성도 있습니다. 이 특성은 몰입과 자제심 결여와 관련이 있습니다.

여성주의 이론에서는 힘 있는 자가 상대를 통제하기 위해 자신의 권력을 남용하는 것이 바로 데이트 폭력이라고 설명합니다. 즉, 데이트 관계를 역학적으로 해석하고 통제하려는 힘에 대한 욕구 때문에 폭력이 발생한 것으로 봅니다. 실제로 파트너에 대해 열등감을 느끼는 사람이 오히려 힘과 권력에 대한 집착으로 폭력을 행사하는 경우가 많습니다.

3) 데이트 중인 남녀 간에 폭력이 얼마나 흔하게 발생하는지에 관해 통계가 있나요?

미국의 경우, 82%가 언어폭력을, 21%가 신체폭력을 경험하였다고 보고하였고, 여성이 남성파트너로부터 당하는 폭력 비율은 반대의 경우보다 세 배에서 여섯 배 정도 높다고 알려져 있습니다(Sege, Stigol, Perrry, Goldstein, & Spivak, 1996). 한국의 연구에서도 대학생의 52%가 신체적 폭력을 경험하였고, 심리적 폭력을 포함하면 97.9%가 데이트 폭력을 경험한 것으로 나타났습니다. 데이트 중 폭력은 아주 보편적이고 일반화되어 있습니다.

4) 데이트폭력 경험을 경험하면 무슨 특이한 증상이 나타날까요?

피해자는 폭력의 종류에 따라 다양한 문제를 갖게 되는데, 신체적으로 상해를 입는 것 이외에도 만성 동통장애나 위장장애를 호소합니다. 외상 후 스트레스 장애나 우울, 물질남용, 자존감의 손상을 겪는다는 보고도 있습니다. 특히, 여성은 남성피해자 보다 세 배나 강한 심리적 상처를 입고, 정서적 스트레스도 더 크게 받는다고 알려져 있습니다.

5) 그렇다면 이런 남자와 관계를 끝내면 되잖아요? 안 만나면 그만이잖아요?

믿기 어려운 분도 많겠지만 불행이도 많은 여자가 이런 남자와 계속 데이트를 합니다. 바로 이 이유가 오늘의 주제이기도 합니다. 미국의 연구에서 데이트폭력 이후 피해자의 40%가 관계를 지속하였습니다. 많은 사람들은 피해자가 고통스러운 시간을 보내면서 관계를 끝장 낼 것이라고 예상하지만, 실제 데이트 폭력을 겪은 이후 44.7%는 관계에 변화가 없었고, 오히려 28.9%는 관계가 더 깊어졌다고 보고하고 있습니다. 얼핏 보기에 이상한 현상이 발생한 것이지요. 그러나 데이트하는 남녀 간에 폭력이 발생했음에도 불구하고 관계를 지속하게 되는 원인이 있습니다. 이것을 설명하는 모델들이 있습니다.

첫 번째로 개인적 특성모델에서는 피해자의 기질적인 특성 때문에 데이트폭력이 지속된다고 설명합니다. 피해자가 자존감이 낮거나, 마조키즘(자학)적인 성격을 가지고 있거나, 또는 내가 어떻게 해도 결과를 바꿀 수 없다는 믿음 즉, 학습된 무기력감을 느끼면 이 관계에서 빠져나오지 못한다는 것이지요. 그러나 개인이 가진 기질적인 요인을 원인으로 간주하는 것은 피해자들을 너무나 수동적으로 보는 문제점(Rhatigan & Street, 2005)이 있습니다. 이러한 관점은 관계를 종료하지 못하는 피해자를 오히려 비난하는 근거가 되기 때문에 반론이 많습니다.

두번째로, 긍정적인 보상 모델은 Dobash와 Dobash(1992)가 제시한 이론입니다. 의존적인 여성들이 폭력을 경험한 이후에 가해자로부터 반성이나, 선물, 용서를 구하는 행동과 같이 긍정적인 피드백을 반복적으로 받기 때문이라는 것입니다. 이 여자들은 강한 보상을 받기 위해서 자신에게 가해진 약한 처벌을 묵인합니다. 이 때문에 연인을 용서하고 데이트 관계를 더 오래 유지 한다는 것이지요. 그러나 이 모델 역시 폭력을 피해자와 가해자간에 심리적인 역동에만 초점을 두고 있습니다. 이 때문에 가족이나 사회 환경의 영향을 간과한다는 지적을 받아왔습니다.

세번째로, 최근에 가장 설득력 있는 설명으로 인정받고 있는 투자모델이 있습니다. 이것은 결혼여부와 상관없이 어떤 친밀한 관계에도 적용할 수 있다는 장점이 있습니다. 여기서는 실제적인 폭력경험 그 자체보다도 피해자가 폭력에 대해 어떻게 지각하느냐를 더 중요하게 생각합니다. 현재 이 모델은 남성피해자와 여성피해자, 이성애 커플과 동성애 커플에게도 모두 적용되는 강력한 설명으로 인정받고 있습니다. 투자모델에서는 첫 번 째로 만족요인이 있어야 합니다. 만족도란 개인이 관계에 대해 호의적으로 평가하는 정도입니다. 이것은 관계의 미래를 결정하는 중요한 요소가 됩니다(Arriaga, 2001). 두번째로 투자는 시간이나 노력과 같은 심리적, 물질적인 자원을 얼마나 쏟아 부었는지의 요인입니다. 세 번째로 대안은 투자와 헌신이 가능한 다른 선택 안을 말합니다. 관계를 지속하는 사람은 대안이 없다고 느끼는 경우가 많습니다. 이 세 가지 요소(만족+투자+대안)는 합산되어 결국 헌신으로 이어집니다. 이 헌신 때문에 폭력의 피해자들은 자신들의 관계가 끝나면 지금까지 투자한 이 모든 것을 돌려받을 수 없다고 생각합니다.

6) 관계를 호의적으로 평가하고, 이미 시간과 노력을 투자했으며, 또 대안이 없다고 인식하면 관계를 유지하기 위해 그 또는 그녀에게 헌신한다는 의미군요. 결국 헌신이 증가하면 폭력이 발생해도 관계가 유지되겠군요?

그렇습니다. 그런데 특이한 것은 데이트 기간이 길어질수록 헌신에 다소 병리적인 특성이 생긴다는 점입니다. 즉, 그/그녀가 원하는 대로 맞추겠다는 희생의지가 강해지고, 파트너가 나쁜 행동을 해도 보복하는 것이 아니라 순응해야 한다는 믿음이 생깁니다. 뿐만 아니라 대안적인 파트너를 극단적으로 평가절하하며 심지어는 관계 자체에 부정적인 요소가 없다고 믿는 망상(relation-enhancing illusion)까지 나타납니다.

피해자가 오히려 책임감을 느끼고, 참고 견디면 언젠가는 좋아질 것이라는 믿음을 갖는 것은 비현실적 희망입니다. 그녀들은 파트너가 다시는 폭력적인 행동을 하지 않겠다는 약속을 하였을 때 그것을 믿고 관계를 이어나가려고 노력합니다. 또한 자신만이 그를 도울 수 있다는 믿음을 강하게 키워갑니다. 이러한 심리 상태를 '이타적 망상'이라고 부릅니다. 망상이라는 것은 나름의 논리성이 있고 체계적으로 연결되어 있기 때문에 잘 생각하지 않으면 그럴듯하게 여겨지기도 합니다. 망상은 가장 기본이 되는 전제조건만 잘못되어 있고, 그 이후의 논리전개에는 별 무리가 없는 경우도 많습니다. 그래서 듣는 사람의 입장에서는 괴상하게 느껴지지도 않습니다.

7) 이타적 망상은 지난 번에 말씀하신 매 맞는 아내에게서도 나타나는 현상 아닌가요?

그렇습니다. 이러한 이타적 망상은 폭력피해 아내들에게서도 공통적으로 나타납니다. 폭력피해 아내는 시간이 지날수록 자신이 참고 살면 남편이 언젠가는 괜찮아 질 것이며 이 정도의 폭력은 심한 편이 아니라고 스스로를 납득시킵니다. 그녀들은 남편이 이런 행동을 하는 것은 원래 자신에게 책임이 있다고 생각합니다. 그리고 참고 견디면 언젠가는 좋아질 것이라는 비현실적 희망을 버리지 않습니다. 아내들은 남편이 변하지 않을 거라는 확신이 있는 경우에만 비로소 그를 떠납니다. 그러나 아내 폭력과 마찬가지로 데이트 폭력의 경우에도 이런 확신이 들지 않으면 계속 관계를 유지합니다. 시간이 지나면 폭력에 대한 망상이 더욱 심해지기 때문에 자신도 자기의 판단을 믿지 못하는 상태가 됩니다. 이러한 관점에서는 개인적 특성이 있는 사람이 그렇게 된다는 것이 아니라 폭력을 당하다보니 그렇게 변한다고 설명하고 있습니다.

8) 그럼 어떻게 해야 할까요? 폭행을 당하면서 계속 만나면 점점 더 특이한 심리상태가 된다는 뜻인데.

어려운 일입니다. 가장 좋은 방법은 그런 특성을 보이는 남자(혹은 여자)를 만나지 않는 것 입니다. 자존감이 낮고 충동성이라는 개인적 특성을 가진 사람이라면 신중히 판단해서 사귀는 것이 좋습니다. 이미 사귀고 있다면 투자를 줄여야 합니다. 특히, 여성은 성적인 관계가 진전되면서 결정적으로 투자가 증가하고 대안이 감소한다고 느끼는 경향이 있습니다. 투자이론에서는 그 시점을 중요한 분기점으로 봅니다. 다소 보수적인 이야기가 될 수 있겠지만 이 모델에서는 성관계는 여성이 헌신으로 이어지는 결정적인 사건이 될 수 있다고 판단합니다. 여성들은 이 시점에서 현재 또는 추후의 대안을 의식해서 다소 계산적으로 행동할 필요가 있습니다.

16. 폭력의 중독 - 매 맞는 아내 증후군

1) 아동학대도 심각한 수준이라고 보고되고 있는데요. 오늘은 아내학대의 문제군요.

아내 학대(wife-abuse) 또는 아내구타(wife-battering)는 성 차별적 가부장제 문화에서 발생하는 제도적인 폭력의 한 형태입니다. 개념적으로는 남편이 아내를 통제하는 수단으로 사용하는 신체적이고 비 신체적인(언어적) 공격 형태를 모두 포함합니다. 가정폭력이라는 광의의 개념에는 오히려 아내가 남편을 구타하는 경우도 해당될 수 있습니다. 사실 이 경우도 최근에 상당히 증가하고 있는 실정입니다. 추후에 이 문제에 대해서도 언급할 기회가 있었으면 좋겠습니다. 오늘 이 시간에는 아내 학대의 경우에만 한정하여 말씀드리고자 합니다.

2) 신체적이고 언어적인 폭력이라고 말씀하셨는데요. 어느 정도까지를 폭력이라고 하는지 기준이 있나요?

연구자마다 조금씩 다른 기준을 제시하고 있는데요. 보편적으로 받아들여지는 기준은 도구를 사용해서 때리면 5점, 상대를 향해서 물건을 던지면 4점, 주먹으로 때리는 등의 신체적 완력을 사용하면 3점, 물건으로 때린다고 위협하면 2점, 언어적인 폭력은 1점입니다. 이 기준으로 1달에 총점이 30점이 넘으면 구타한 것으로 정의합니다. 이 기준을 적용할 경우 우리나라의 경우 결혼한 여성의 40%, 남성의 26%가 피해자인 것으로 보고된 바 도 있습니다.

3) 굉장하군요. 10명 중의 4명이 매 맞는 아내라는 말씀이신데요. 그 정의에 의하면 남편도 맞을 수 있겠군요?(그렇습니다. 언어적인 폭력을 주로 당하지만 신체적으로도 피해자가 될 수 있습니다. 사실 남편들은 아내에게 맞을 경우 창피해서 이를 감추는 경우가 많습니다. 그래서 잘 드러나지 않는 경우가 많지요). **일반적으로 아내폭력을 어떻게 해석하나요?**

첫째로, 가해자의 특성 때문에 폭력이 발생한다고 볼 수 있습니다. 심리학적으로 개인의 충동성이나 내적인 모순 등으로 일시적으로 정서가 폭발한 결과로 보고 있습니다. 이러한 특성은 비 적절한 자기통제나 가학성, 그리고 정신병적 성격특성과 관련이 있습니다.
둘째로, 사회학습 이론에서는 폭력적인 행동을 학습된 현상이라고 봅니다. 폭력행위는 타인의 행위를 관찰하고 이를 모방함으로서 학습되어 질뿐만 아니라 폭력을 당한 경험에 의해서도 학습되어질 수 있습니다. 실재로 아내에게 폭력을 행사하는 남자들의 4분의 3이 폭력가정에서 자랐고, 50%이상은 자기 자신도 구타당하면서 자랐다는 보고가 있습니다.
세번째 설명은 사회구조적인 시각에서 폭력을 해석하는 것입니다. 즉, 가부장적 사회 구조에서는 가정 안에서 아내에게 폭력을 행사하는 것이 폭력적 행동이라기보다는 가장의 역할 수행으로 인식될 수 있다는 것입니다. 남편과 아내의 불평등한 지위와 역할이 아내폭력을 정당화시킨다는 설명입니다.

4) 아내를 학대하는 남편들이 심리적인 특징을 구체적으로 알고 싶군요.

기본적으로 아내를 구타하는 남자들은 자존감이 낮고 자기표현능력이 부족한 경우가 많습니다. 이들은 아내의 행동을 자신의 자존심을 손상시키거나 위협하는 것으로 민감하게 받아들이는 경향이 있습니다. 특히 자존심이 낮은 상태에서 힘에 대한 강력한 욕구를 가지고 있는 남자는 아내가 자신보다 능력이나 지위가 능가하는 것을 위협적인 상태로 지각하고 폭력을 사용하곤 합니다.

그들은 가부장적이고 성역할에 대해서 경직된 태도를 가지고 있는 경우가 많습니다. 폭력적인 남성들은 배우자의 역할과 의무에 대해 고정관념을 갖는 경향이 많습니다. 즉 학대하는 남편은 아내가 전통적인 성 역할을 수행할 것을 강요합니다. 아내가 가사일과 양육을 전적으로 책임지기를 기대하는 것이지요. 이들은 아내가 이 역할에 복종하고 추종하기를 원합니다. 아내가 해야 할 일에 관해 자신의 기준치를 설정해 놓고 조금이라도 다르게 행동하면 자신을 무시한 것이거나 모든 것이 엉망진창으로 된 것으로 간주합니다. 아내가 자신이 원하는 대로 해주지 않은 것으로 단정하면서 꼬투리를 잡기 시작하고 곧 바로 구타가 시작됩니다.

이들은 어렸을 때 학대받은 경험도 많습니다. 저도 임상 장면에서 자주 확인한 사실인데 어렸을 때 폭력을 자주 목격하였거나 실제 학대를 경험한 사람들은 성인이 된 후에 자신도 자녀나 배우자를 학대하는 경향이 있습니다. 구타 받으면서 느끼는 자존감의 하락이나 분노, 좌절감등이 성격으로 확립된 것일 수 도 있습니다. 결국 약하니까 당했다라고 생각하면서 힘과 권력에 대한 욕망이 절실해지고 결국 자기보다 약하며 통제가 쉬운 가족에게 힘을 과시한 것이라고도 볼 수 있습니다.

그들은 분노를 조절하는 능력이 부족합니다. 아내를 학대 남성들의 내면에는 적개심이 자리 잡고 있으며 사소한 빌미에도 분노를 폭발하는 경향이 있습니다. 또한 분노를 드러내다가 곧 냉철해지곤 해서 예측할 수 없는 이중인격자로 보이기도 합니다. 이들은 이성적으로 따지거나 논리적으로 해석하려 하지 않습니다. 결국 스트레스 관리능력이 부족한 사람이라고 볼 수 있지요.

일반적으로 아내를 학대하는 사람들은 정서적으로 고립되어 있는 경우가 많습니다. 따라서 소외감에서 야기되는 의존성이 두드러진 특징입니다. 그들에게 있어서 가족은 자기 세계의 전부이며 아내는 그 중심인물입니다. 사실 그들이 가장 친밀감을 느끼는 대상은 다름 아닌 아내입니다. 아내야 말로 문제를 해결하는 유일한 열쇠라고 믿고 의존하기 까지 합니다. 이러한 관계에 매여 있기 때문에 아내를 분리된 실체로서 느낄 수 없고, 그 결과로 아내가 떠나거나 자신에게 벗어나 있다고 생각하면 자신의 일부가 떠난 것과 같은 느낌을 갖게 됩니다. 그래서 그들은 아내를 집안에 고립시켜 두고 친구나 친척들로부터 단절시키면서 끊임없이 자신의 여자라고 확인하려 합니다. 아내를 상습적으로 구타하는 남자들은 가족 이외의 타인과 친밀 관계를 잘 형성하지 못합니다. 그렇다고 해서 그들이 사회적으로 무능한 사람들은 결코 아닙니다.

5) 상습적으로 맞다보면 아내들도 특이한 심리상태가 될 것 같은데요. 이런 여자들이 오히려 이혼을 두려워한다는 이야기도 있던데요?

그렇습니다. 이것을 외상유도 의존성(trauma induced dependency)이라고 합니다. 결혼은 인생의 가장 중요한 의사결정이며 남편은 가장 가까운 가족입니다. 그에게 맞는다는 경험은 인생이 실패했으며 자존감이 하락하는 극적인 사건입니다. 스스로가 비참하다고 생각하며 두렵기까지 할 것입니다. 자녀들이 있는 경우 현실적으로 이혼도 쉽지 않은 결정입니다. 남편에게도 매 맞는 년이 무엇을 할 수 있을까라고 자기를 비하하기도 합니다. 자기를 지켜왔던 방어기제가 무너진 상태에서 무기력하게 어린애처럼 변하게 되고 아이러니 하게도 바로 그 학대자에게 의존하는 심리상태가 되는 것입니다.

예전에는 피해 여성들이 매 맞으면서도 이혼하거나 관계를 청산하지 못하는 것은 기본적으로 의존성 성격이기 때문이라고 보는 시각이 있었습니다. 그들은 성격상 자신의 권리를 주장하지 못하고, 이혼이 가져오는 의무를 두려워한다는 것이지요. 임상장면에서 지금도 중요한 쟁점이기는 하지만 최근에는 매 맞는 아내의 이러한 심리상태가 원인이 아니라 결과라고 보는 견해가 우세합니다. 원래 그런 것이 아니라 맞다 보니 그렇게 되었다는 것입니다.

매 맞는 여성은 보통 3단계의 심리상태를 경험합니다. 1단계는 희생화 과정입니다. 폭력을 당하는 초기에는 분노하지만 곧 수치심과 자존심 때문에 누구에게도 그 사실을 말하지 못합니다. 그리고 폭력이 반복되면, 또 다시 폭력과 보복을 당할까봐 공포와 두려움에 떱니다. 이 시기에는 폭력 상황 또는 가해자와 관련된 정황을 떠올릴 때 마다 불안해 집니다. 이것은 외상 후 스트레스 장애의 전형적인 양상입니다. 폭력에 계속 시달리면 자존심의 손상되고 공포 때문에 독립적인 행동을 하기가 겁이 나기 때문에 아주 무기력하게 됩니다. 매사에 결단을 못 내리고 남편의 폭력에 어떻게 대처해야할지도 모르게 됩니다. 결국 맞아 죽더라도 남편에게 의지해서 살 수밖에 없다고 체념하지요. 더러는 자살하거나 흥분상태에서 남편에게 발작적으로 대항하다가 살해되는 경우도 있습니다.

2단계는 폭력의 수용 단계입니다. 가부장적 사회는 여성에게 가해지는 폭력을 폭력으로 인식하지 못하게 하는 문화적 구조일 수 있습니다. 특히 아내 구타는 가족 내에서 발생한다는 점 때문에 폭력으로 다루어지지 않았습니다. 많은 사람들은 '맞을 짓을 했으니까 맞았겠지' 또는 '집안 일이니까 끼어들면 안 된다' 고 치부하곤 합니다. 이들은 몸이 경험하는 육체적 고통을 상대화하고 폭력 그 자체보다는 부수적인 다른 문제에 초점을 맞추기도 합니다. 매 맞는 여성 중에서도 결혼은 신성한 것이라는 믿음에 매달려서 자신의 희생을 대가로 가정이 유지된다고 스스로에게 다짐하는 사람이 있습니다. 구타가 발생한 이유를 끊임없이 자신의 잘못에서 찾고 분석하는 사람도 있습니다.

3단계는 폭력의 상대화 또는 사소화(trivialization)입니다. 피해 여성이 가족을 떠나지도 않으면서 생명이 위험할 정도의 폭력을 견디어 내려면 특이한 심리상태가 필요합니다. 자신이 당하는 폭력을 남들과 비교해서 끊임없이 상대화하고 또 사소한 것이라고 주문을 거는 것입니다. 피해 여성들은 남편의 폭력이 자신에게 해로운 상습적이고 의도적인 행위라는 것을 알지만 이미 '견디기로' 마음먹었기 때문에 폭력 가정에 머물러 있는 상황을 스스로에게 설득할 필요가 있습니다. 아내는 남편이 언젠가는 나아지리라는 근거 없는 희망으로 폭력 상황을 견디어 냅니다. 아내는 자신이 당하고 있는 폭력적인 현실을 외면합니다. 폭력을 있는 그대로 해석한다면 남편과 가족을 떠나야 하는 더 큰 문제와 마주하는 것이 두렵기 때문입니다. 이러한 상황이 장기간 지속되면 자기도 자신의 마음을 모르는 혼란스러운 심리 상태가 되어 버립니다. 어느 순간부터 약물처럼 중독된 것이지요.

6) 계속 맞다보면 정말 그런 심리상태가 되겠군요. 아내뿐만 아니라 자녀들에게도 나쁜 영향이 있을 것 같은데요.

그렇습니다. 아이에게 있어서 부모는 가장 중요한 사람이자 세상의 중심입니다. 그런 부모가 이상한 표정으로 서로 욕하고 싸우며 물건을 부수는 장면은 정말 호환 마마보다도 더 무서운 일입니다. 이런 경험은 정말 당해보지 않은 사람은 모를 것입니다. 게다가 아내를 때리는 남편은 자녀를 때리는 경우도 종종 있습니다. 말리려다 맞거나 어머니 편을 든다고 싸잡아 같이 때리는 경우가 있거든요. 결국 아이들도 폭력의 직접적인 피해자가 되는 것이지요.

어머니가 폭력을 당하는 것을 보거나 자신이 직접적으로 폭력을 경험하게 되는 자녀도 특이한 심리상태를 보일 수 있습니다. 아버지에 대한 증오와 두려움 때문에 아버지가 행하는 폭력을 정당화시키면서 오히려 어머니를 비난하는 이중적인 태도를 보이는 경우가 있습니다. 그러다가도 어머니를 너무 불쌍하게 생각하면서 자신의 불효를 자책합니다. 이러한 양가적이고 혼란된 태도가 특이한 성격을 초래하면서 사회적으로 부적응한 행동으로 이어지는 경우가 많습니다. 이러한 갈등이 장기화되면 자신이 겪는 심리적인 고통의 원인제공자라고 할 수 있는 아버지에게 적개심을 폭발하는 경우가 있는데 극단적으로는 아버지를 살해하는 경우가 이에 해당합니다. 또 폭력이 장기화되면 무감각해지며 만성적으로 적응하기 때문에 자신도 가정 폭력을 그리 대수롭지 않게 생각할 수 있습니다. 폭력을 갈등해결 방법으로 일상적으로 활용하기 때문에 폭력이 대물림되는 악순환을 낳습니다.

7) 가족 모두의 불행이군요. 예방할 수 있는 방법이 있나요?

사건이 발생한 이후에 행해지는 조치나 대처 방법들도 물론 있습니다. 그러나 아내 구타 문제는 구타당하는 여성들에게 신체적이고 심리적인 손상을 초래할 뿐 아니라, 사회의 가장 기본 단위인 가족 전체를 파괴하는 사회적 문제라는 인식이 먼저 필요합니다. 구타가 발생하는 위기 상황에서 즉각적인 서비스가 주어지지 않을 경우 반복되면서 점차 그 강도가 심해집니다. 따라서 법적인 제재와 의료적 지원은 물론 여성의 대처 방식을 학습시키고 자존심을 고양시키는 심리적인 도움이 필요합니다. 무엇보다도 남성과 여성의 불평등한 권력 관계를 해소할 수 있는 사회적인 방안이 마련되어야 합니다. 가부장적 이데올로기는 사실 남성들에게도 별로 도움이 되지 않습니다. 시대에 맞는 성역할의 합리적인 변화가 모색되어야 합니다.

17. 부도난 가족출납부 - 명절증후군

1) 추석이나 설 같은 명절이 되면 자주 등장하는 용어가 바로 명절증후군이라는 것인데요. 임상장면에서 이런 진단용어가 있나요?

물론 이런 진단용어는 없습니다. 명절 전후로 신체적 그리고 정신적 증상들이 나타날 때 뭉뚱그려서 명절증후군으로 부르는 것입니다. 명절이 스트레스원(stressor)이 된 셈이지요. 굳이 정의하자면 우리나라 고유의 문화에서 발생하는 일종의 문화증후군(culture-related syndrome)이라고 말할 수 있겠습니다.

2) 보통 명절 때 주부나 며느리가 받는 스트레스 때문에 이 용어가 처음 생긴 것 같은데 이 명절증후군이 주목 받게 된 배경이 있을까요?

사실 우리 할머니나 어머니세대에는 이런 용어자체가 없었지요. 그분들도 명절에는 더 크게 스트레스를 받았을 것입니다. 그러나 아내로서 그리고 며느리로서 그냥 당연한 것이려니 하고 받아들였기 때문에 큰 문제가 아니었을 수 있습니다. 예전에는 이슈화 되지 않았던 문제가 어느 순간부터 사회적으로 부각된 것입니다. 아마 가장 큰 이유는 가족관의 변화와 여권신장 때문일 것입니다.

명절증후군 문제는 명절 전후 며칠 동안 받는 스트레스 정도로 치부해서는 안 됩니다. 명절은 가족이나 친척과의 해 묶은 갈등이 다시 수면 위로 드러나는 계기입니다. 가족 내의 역학이나 차별의식을 느끼는 사건이기도 하구요. 그리고 문화적 압력과 갈등까지도 복합적으로 포함된 개념입니다. 명절증후군이라는 용어자체가 지금까지 당연하다고 여겨졌던 것을 다시 생각해본 것입니다. 이런 관점에서 보면 문제를 제기했다는 것 자체가 의식의 발전적인 변화입니다.

3) 말씀을 듣고 보니 심각하고 무거운 주제가 될 수 있겠네요. 이 명절증후군의 구체적인 증상을 말씀해 주시지요?

네, 먼저 신체적 측면을 고려해 볼 수 있습니다. 귀향과정에는 오랜 이동시간이 필요합니다. 특히, 여성들은 강도 높은 가사노동과 휴식부족으로 인해 육체적인 부담이 큽니다. 명절 이후에 요통, 어깨통증, 무릎통증 등 다양한 근 골격계 질환을 호소하는 경우가 많습니다. 생활리듬의 변화가 신체적인 증상들로 나타난 것입니다. 무엇보다도 정신적으로 몹시 긴장하게 됩니다. 그리고 억압되어 있었던 시댁과의 갈등이 수면 위로 드러날 수 있습니다. 상대적으로 친정방문을 소홀히 하는 배우자에게 화가 날 수 있겠지요. 또 이럴 수 밖 에 없는 자신의 처지가 억울할 수 도 있습니다.

평소에는 잘 느끼지 못했지만 명절은 유교적 전통이란 명분하에서는 극복하기 어려운 문화적 압력입니다. 특히, 핵가족의 생활 패턴에 익숙한 여성들은 위계질서의 분위기가 강요되는 가부장적 가족 문화가 넘을 수 없는 벽같이 인식됩니다. 여성의 입장에서 보면 그렇게 확보하려고 했고 또 노력했던 사회적 지위나 발언권이 짧은 시간이지만 무력하게 되는 경험입니다.

4) 제가 생각할 때 일단 남편의 지지나 이해가 필요할 것 같아요. 저는 "시부모를 모시고 사는 것도 아니고, 아니 그래, 일 년에 며칠 와서 명절 준비하는 것이 그렇게 힘들까?" 라든지 "그렇게 힘이 들고 스트레스를 받는 것이 사실이라 치자. 그런데 그것은 평소에 그만큼 편안했었다는 것이잖아, 요즘 여자들, 너무 엄살 피우는 것 같아" 라고 말하는 남자 분들을 보았거든요.

네, 제 주변에도 그렇게 말하는 분들이 있습니다. 제 친구 중에도 " 그렇게 투정할게 뭐가 있어, 오히려 그 기회에 서방님에게는 현명하고 알뜰한 아내이고, 아이들에게는 헌신적인 어머니이자 시가에는 참한 며느리로 인정받는 계기가 될 수 있잖아? 나 같으면 이런 명절날을 활용하여 자신의 가정 내 위치를 공고히 다지고 스스로 가치를 높이는 기회로 삼을 텐데" 라고 말하더군요. 그 친구는 실제로는 많은 주부들이 명절을 힘들고 고통스럽게 생각하기 보다는 오히려 여성적인 역할을 드러내면서 보람을 느낀다고 믿고 있었습니다. 오히려 페미니스트들의 주장으로 일부 사실이 와전되고 불평등의 논리가 확대 재생산되었다는 것이지요. 게다가 그 친구는 저를 그렇게 믿게 만들려고 부단하게 애쓰기까지 했습니다. 아마 많은 남자들의 속마음이 그럴 것 같습니다.

분명한 것은 명절을 계기로 가족의 해묵었던 문제가 표출될 수 있다는 사실입니다. 또 구성원들이 이를 직면할 수 밖 에 없다는 점에도 주목해야 합니다. 명절에 나타나는 역할이나 행동들은 가정 내의 위상이나 의사소통방식을 알아내는 중요한 단서가 될 수 있습니다.

5) 명절에 나타나는 일회적인 현상이라기보다는 가족 갈등이나 역학이 숨겨져 있다는 말씀이시군요? 구체적으로 말씀해주시지요.

각 가족에는 나름대로의 독특한 사연이 있고 그 사연은 그 가족 구성원이 아니면 이해하기 어렵습니다. 그래서 다른 사람에게는 잘 알리지 않는 크고 작은 비밀들이 있습니다. 그런 의미에서 가족은 기본적으로 닫힌 체계(closed system)입니다.

가족 치료이론가인 보스조르메니는 가족관계에서도 금전출납부적인 관계가 성립한다고 보았습니다. 출납부에서 수입이 있으면 지출이 있듯이, 가족 관계에서도 이득을 보는 가족이 있으면 반드시 그만큼 손해를 보는 가족이 있다는 것입니다. 수입보다 지출이 계속 더 많으면 적자가 나서 가정 경제가 위험에 처하게 됩니다. 회사가 부도나는 것도 아주 작은 액수의 어음을 막지 못해서라고 합니다. 처음에 손해가 나도 즉시 보완할 수 있습니다. 그러나 오랫동안 적자상황이 반전되지 않으면 여기 저기 돈을 빌리다가 결국 더 이상 손 내밀 곳이 없어집니다. 이런 궁지에 몰렸을 때 아주 작은 어음을 막지 못해 부도나는 것입니다.

마찬가지로 한 가족 구성원이 지속적으로 더 희생하고 이 상황이 반전되지 않는다면 그 손해가 집중적으로 누적된 사람이 결국 임상적인 문제를 드러낼 수 밖 에 없습니다. 예를 들어, 닫힌 체계에서 아버지와 어머니의 관계에서 아버지가 3을 이득 보면(+3) 어머니는 3을 손해 봅니다(−3). 아들과 어머니의 관계에서 아들이 3을 이득 보면(+3) 어머니는 3을 손해 보는 것입니다(−3). 아버지와 아들은 손실관계가 균형을 이룬다고 가정해 봅시다(±0). 만약 이런 상태가 오래 지속되면 결국 손해가 누적된 어머니(−6)가 곤경에 처할 가능성이 있습니다.

가족 간에 무슨 이해관계를 따지는가하는 분이 있을 것입니다. 그러나 가족도 분명한 집단이고 역학이 존재합니다. 손실 관계도 분명히 있습니다. 아무리 어머니이지만 희생만을 강요할 수는 없는 것입니다. 명절에는 시누이를 만나고 시부모를 대면합니다. 껄끄러운 형님도 피할 수 없습니다. 친척 내의 역할과 남편과의 상대적인 위상도 느낍니다. 대단치 않은 액수를 막지 못해 부도가 나듯이 명절도 사소한 계기일 수 있지만 결국 적자인생을 살고 있는 자신의 처지를 확인하는 결정적인 사건인 것입니다.

6) 가족 출납부로 명절증후군을 설명하는 것은 흥미 있는 해석이군요. 이런 관점이라면 며느리나 아내뿐만 아니라 최근 남편이나 시어머니가 명절증후군을 느끼는 것도 설명할 수 있겠네요.

그렇습니다. 팔자 편안하게 살던 아내가 명절에 몇 일 일해서 억울한 것이 아닐 것입니다. 시부모나 친척들을 만나서 긴장하고 짜증나기 때문에 명절증후군이 생기는 것도 아닙니다. 독특한 가족 내 역학과 손실로 인한 피해의식이 명절을 통해 드러난 것입니다. 저는 결혼한 지 몇 달도 채 되지 않은 새댁이 명절증후군이 있다고 투덜대는 것을 보았습니다. 이것은 철이 없어서 일 것입니다. 아니면 사회성이나 인성에 초점을 맞출 문제라고 생각합니다.

며느리와 시어머니는 전통적으로 불편한 관계였습니다. 그러나 최근에는 역학적으로 볼 때 며느리보다 시어머니가 더 약자입니다. 오히려 손실감과 피해의식은 시어머니 쪽에서 더 할 수 있습니다. 따라서 며느리 못지않게 시어머니가 명절증후군을 더 심각하게 느낄 가능성이 있습니다. 고향에 남아있는 부모님은 출가한 자식들을 목 빠지게 기다립니다. 드디어 돌아온 명절날에도 자식들에게 대접받고 행세하기 어렵습니다. 행여 라도 있을지 모르는 자녀들의 갈등관계를 중재해야하고, 아들이나 며느리의 심기를 살피기에도 여념이 없습니다. 손자 손녀들이 정신없이 굴던 시끌벅적한 명절이 끝나면 긴장도 풀리고 허탈합니다. 노인들은 환경변화에 민감합니다. 이 기간을 전후로 생활의 리듬이 깨지기 때문에 신체적인 증상들이 수반되는 것입니다.

명절증후군은 며느리나 주부만 경험하는 것이 아닙니다. 발언권이 없고 위축된 가장이자 남편도 그럴 수 있습니다. 평생 자식만 바라보고 살았지만 정작 권위마저 상실한 늙은 부모도 명절증후군에서 자유로울 수 없습니다.

7) 가족 간의 손실감과 피해의식이 명절을 통해 수면 위로 올라온 것이군요. (그렇습니다). 해결 방안이 있을까요?

충분한 휴식과 신체적인 이완도 좋지만 효과는 오래가지 않습니다. 가족출납부의 개념대로라면 특정한 가족에게 집중된 손실과 적자를 다른 구성원들이 보충해 주어야 합니다. 어머니가 손해를 보고 있는 것이 사실이라면 남편이나 자식이 조금씩 양보해서 어머니의 손실을 분산시켜 주는 것이 기본적인 해결 방안입니다. "여보 고생 많았어!", "우리 식구들 때문에 미안해", "잘 참아줘서 고마워" 라고 말하는 것도 다소 위로가 될 것입니다. 그러나 이것만으로는 부족합니다. 많은 사람들은 가족 중에서 자신이 피해자였노라고 하소연하곤 합니다. 피해자라고 생각하면 의무를 피할 수 있다고 생각하기 때문이지요. 실제 그 사람은 손해 본 사람이 아닐 수 있습니다. 그럼에도 불구하고 그들은 자신이 손해 보았기 때문에 지금이라도 혜택을 받아야만 한다고 강변합니다. 역기능적인 가족체계에서는 이런 생각을 가진 가족이 많습니다. 그래서 그 가족이 병든 것입니다.

객관적이고 중립적인 관점에서 가족 간의 상호작용을 분석할 수 있습니다. 가족들은 지속적으로 손해를 보는 사람을 진솔하게 주목해야 합니다. 사실 그 사람으로 인해 나머지 가족이 이득을 보며 편안하게 살아온 것입니다. 솔직히 인정하고 또 균형 있게 양보하는 것이 필요합니다. 가족의 행복은 전체 단위로서 생각해야 합니다. 특정한 가족 구성원이 희생하면서 그 대가로 다른 가족이 행복해진다면 오히려 불행한 일입니다. 차라리 잘 나가는 어떤 가족이 조금 덜 행복하더라도 덜 불행한 가족이 있는 것이 나을지 모릅니다.

18. 기억 너머의 공포 - 외상 후 스트레스 장애

1) 외상 후 스트레스 장애가 무슨 증상인가요?

PTSD(post traumatic stress disorder; PTSD)는 정신적 충격(외상外傷, trauma)을 받은 이후에 나타나는 여러 가지 정신적·신체적 증상들을 총체적으로 일컫는 증상입니다. 전쟁, 자동차, 기차, 비행기 등의 교통수단으로 인한 사고, 산업 장에서의 사고, 개인적 피해를 끼치는 폭행, 강간, 테러 및 폭동, 때로는 홍수, 폭풍, 지진 등 생명을 위협하는 재난을 겪으면 이 정신장애가 발생할 수 있습니다. 이 장애는 외상으로 경험될 만큼 심한 감정적 스트레스를 경험했을 때 나타나는 불안 장애입니다. 단 한 번의 스트레스 경험으로 사람이 무너지는 것이지요.

증상들은 사고 직후에 급성으로 나타나기도 하고, 만성화된 방식으로 반복적으로 재현되는 경우가 있습니다. 때로는 사고를 경험하고 오랜 시간이 지난 다음에 지연된 발병형태로 나타나기도 합니다.

2) 그런 압도적인 스트레스라면 사람이 살아가면서 한두 번쯤은 겪을 수 있을 것 같은데요.

그렇습니다. 일반 인구에서 평생 유병률은 1~14%이므로 일생을 기준으로 한다면 100명 중에 최대 14명까지 이 증상을 경험할 수 있습니다. 참전 군인이나 범죄의 피해자를 대상으로 할 때는 3~58%까지 확인되고 있습니다. 남자의 경우는 전쟁 경험, 여자의 경우는 물리적 폭행이나 강간을 당한 경우에 나타나곤 합니다. 어느 연령층에서나 발생할 수 있으나 청년기가 가장 흔합니다. 성격이 완성되지 않았고 방어기제가 능숙하게 작동하기 바로 직전에 경험하는 충격은 개인에게 더 영향을 줄 수 있기 때문에 그 연령대가 특히 취약합니다. 사건을 경험할 당시에 너무 어리거나 고령이어도 잘 치료되지 않습니다. 그리고 원래 성격에 문제가 있었거나 적응을 잘 못했던 사람들의 경우 증상이 더 오래 지속됩니다. 정상적인 스트레스 반응은 수주 혹은 수개월 이후에 사라지지만 6개월 이상 지속될 경우 외상 후 스트레스 장애를 의심해야 합니다. 만성화되면 인격의 변화가 있을 수 있고, 이로 인해 대인 관계 등의 적응에 심각한 문제가 생길 수 있다는 점에서 간과해서는 안 되는 증상입니다.

3) 구체적으로 어떤 증상들이 나타나나요?

기본적으로 '침투적' 생각에 반복적으로 사로잡힙니다. 침투적인 생각이란 떠올리기도 싫은 충격적인 사건의 이미지나 느낌이 의식 속에 불쑥 들어온다는 뜻입니다. 그 사건이 포함된 악몽을 반복해서 경험하기도 합니다. 이런 강렬한 공황 상태에서는 호흡곤란, 혈압상승, 심계항진 등의 증상이 있을 수 있고, 이에 대처하기 위해 약물을 남용하거나 폭행사건을 저지르기도 합니다.

외상 후 스트레스 장애 환자들은 마치 예전의 외상적 사건이 현재 재발하고 있는 것처럼 느끼고 또 이에 따라 반응합니다.
이를 해리적 반응(dissociative response)이라고 하는데 이 현상은 침투적 회상이 더 적극적으로 나타나는 것이라고 말할 수 있습니다. 이때는 아무것도 하지 못할 만큼 통제력을 상실하고 멍한 상태에 빠집니다.
외상 후 스트레스 장애 증상이 현저한 환자들의 대부분은 자신이 해왔던 활동에 대해 흥미를 상실합니다. 어린아이의 경우에는 최근에 배웠던 언어기술이나 배변훈련 같은 발달상의 기술들도 잘 수행하지 못합니다. 그래서 환자는 외상과 관련되는 고통스러운 자극을 피하기 위해 점점 더 자극을 회피하고 고립됩니다. 이것을 '학습된 억압(learned repression)'이라고 하는데 이는 외상과 직접 관련된 생각이나 이미지 그리고 느낌을 부정한 후(1차적 연합), 1차적 연합을 상기시키는 다른 생각이나 느낌(2차적 연합)도 회피하는 것입니다. 이들은 아무것도 안하고 또 누구도 만나지 않는 것이 상책이라고 생각합니다.
외상적 사건을 경험한 사람들은 감정의 범위가 제한되는 경우가 많습니다. 그래서 친밀함이나 부드러움 그리고 성적인 관심과 같은 감정이 무뎌집니다. 극단적인 경우엔 어떠한 정서도 표현하지 못하게 됩니다. 정서적 반응을 회복하고 활성화시키는 것은 극심한 외상적 기억을 다시 떠올리는 것이나 다름없기 때문에 마음속에 소위' 정서적으로 죽은 공간'을 유지하는 것이지요. 친밀한 인간관계를 맺길 두려워하기 때문에 주변 사람들로부터 점점더 고립됩니다. 도움을 바라면서도 그 사람에게 거리를 두고 도망가는 심리상태를 보이게 됩니다.

수면패턴도 변합니다. 현저하게 수면 기간이 길어지고, 수면의 효율성은 떨어지는 특징이 있습니다. 잠들기 어렵고, 수면중에 근육의 불수의적 경련이 있습니다. 그 외상의 이미지를 꿈으로 꾸는 경우도 있기 때문에 깊이 잠들지 못합니다. 푹 자지 못하기 때문에 늘 피곤합니다.

과민성이 증가합니다. 과민성이란 외부 세계에 대해 항상 경계를 늦추지 않는 민감한 상태를 말합니다. 환자는 타인과 상호작용하면서도 항상 경계심을 느끼고, 적대적이라고 느껴지면 무조건 과격하게 반응합니다. 일단 언쟁이 벌어지면 싸움이 일어날 것이라고 믿기 때문에 먼저 때리는 것이 최선이라고 생각합니다.

죄의식은 외상 후 스트레스 장애의 일반적인 특징 중 하나입니다. 재난 이후 다른 사람들은 살아남지 못했는데 자기만 살았을 경우에 자신도 그 재난을 일으킨 원인 중 하나라고 되뇌이곤합니다. 다른 사람의 죽음에 대해서도 책임감을 느끼면서 자책합니다.

4) 외상 후 스트레스 장애를 설명하는 이론이 있나요?

정보처리적인 관점에서 설명할 수 있습니다. 평소에 낮은 비율의 정보 흐름을 갖고 있는 정상인들은 스트레스를 받으면 이를 억제하는 부교감신경이 우세해집니다. 이들은 적당한 긴장과 스트레스의 순간을 오히려' 정보가 풍부한' 상황으로 여깁니다. 그러나 외상 후 스트레스 장애자들은 평소보다 급격하게 높고 압도적인 정보를 경험해 보았기 때문에 조금만 환경이 낯설면 정보 흐름을 그때처럼 늘리려고 시도합니다. 용량의 범위를 이미 늘려놓은 상태이기 때문에 각성수준이 더 높아지고 지나치게 예민해지는 것입니다. 불안과 긴장이 고조되면 압도적인 정보가 순차적으로 입력되지 않기 때문에 혼란스러운 심리가 되는 것이지요. 그들의 가장 큰 특징은 입력 정보의 용량을 부적응적으로 확대하는 것입니다.

기억을 담당하는 해마가 손상되었을 수도 있습니다. 예일 대학교의 정신과 의사인 더그 브렘너는 많은 PTSD 환자들이 기억 장애를 겪고 있다는 사실을 확인한 바 있습니다. 그는 감정적 스트레스가 새로운 기억을 저장하는데 관여하는 해마를 손상시킨다는 사실을 발표한 바 있습니다. 이런 현상은 동물에게서도 발생하는 것으로 알려져 있지만 PTSD 환자들의 해마도 10~12% 가량 더 작다는 사실이 확인되었습니다. 기억에 관여하는 해마는 새로운 정보를 학습하는 데 관여할 뿐만 아니라 환경 자극에 의미를 부여하고 적절한 방식으로 저장하는 역할을 합니다. 이 환자들은 감각을 취사 선별하는 능력에 손상이 있기 때문에 중요한 자극은 주목하지 못하고, 잊거나 버려야 할 자극에 대해서는 민감해지는 생리적인 특성이 있습니다.

정신분석적으로 설명하기도 합니다. 정신분석이론에서는 스트레스나 외상이 소아기의 미해결된 무의식적 갈등을 다시 불러일으킨다고 가정합니다. 건강한 성인은 자신의 욕구를 적절하게 충족시키고 조절하여 건전한 자아를 형성합니다. 그런데 외상적 경험의 충격은 이러한 발달과정의 시계를 거꾸로 돌려 놓는 것과 같습니다. 그 결과 자아가 있던 곳에 원초아가 자리 잡는 것입니다. 이 때문에 퇴행이 일어나고 억압과 부인 같은 방어기제가 작동합니다. 이 환자들은 현실적인 판단을 제대로 하지 못한다든가, 현실과 환상 또는 공상을 혼동합니다. 비현실감을 느낀다든가, 충동이나 감정을 적절히 조절하고 통제하기 어려운 상태가 되지요. 걸핏하면 분노를 터뜨리는 것은 바로 현실을 토대로 한 자아 기능이 손상되었기 때문입니다.

5) 어떻게 치료하나요?

환자들은 심리적으로 매우 예민해져 있으므로 치료에 있어서 제일 중요한 것은 정신적 위기 상황을 극복하는 다양한 대처 기술을 가르치는 것입니다. 가족 등 주변 사람들에게 이 장애를 이해시키는 교육도 필요합니다. 스트레스를 받으면 이러한 반응을 보일 수 있다는 것을 알려줌으로써 환자들이 안심할 수 있게끔 해줘야 합니다. 또한 자신의 상태를 의논할 수 있게 해주어야 합니다. 무서운 경험을 자꾸 이야기하면 더 흥분이 될 것 같아 이야기하는 것을 피하는데 그렇지 않습니다. 가족 등 가까운 사람들과 사건에서 경험한 것들을 충분히 이야기해서 해소할 수 있도록 하는 것이 좋습니다. 환자가 말하고 싶어 하면 들어 주는 것이 그때 느꼈던 두려움 등을 잊는데 더 도움이 됩니다.

약물을 사용하는 것도 염두에 두어야 합니다. 감각의 과잉으로 인한 불안이 특징이기 때문에 삼환계 항우울제가 효과적이라는 연구 결과가 많습니다. 약 1년 정도는 약물을 유지시키는 것이 좋습니다. 선택적 세로토닌 재흡수 차단제도 새로운 약물로 각광을 받고 있으며, 그 밖에도 항불안제 등이 효과가 있는 것으로 알려져 있습니다. 불안하면 근육 긴장이 초래되면서 경련을 일으키는 경우가 많기 때문에 항경련제도 병행하여 처방하고 있습니다.

인지-행동 요법은 전통적으로 사용해온 방식입니다. 무서웠던 경험중에서도 덜 불안했던 상황을 조금씩 다시 노출시켜서 두려움을 없애는 탈감법(desensitization)이 대표적입니다. 자신을 괴롭혔던 사람을 처벌하는 장면을 상상하는 방법도 도움이 되고 왜곡된 생각을 재구성하는 방법도 적용할 수 있습니다.

정신분석에서는 사건을 재경험시켜서 쌓였던 감정을 배출시키고, 감정을 정화(catharsis)시키는 과정을 반복합니다. 증상이 심하거나 자살할 위험이 있는 경우는 입원하여 치료해야 합니다.

19. 원(怨)한(恨)의 심리 - 화(火)병

1) '한 맺힌다.' 라는 표현이 있잖아요? 도대체 한(恨)은 무엇인가요.

한(恨)은 가장 한국적이면서도 가장 심층적인 한국인의 감정 및 심성입니다. 많은 학자들은 恨을 한국인의 민족적 감정이라고 설명하기도 합니다. 한의 심리는 '억울함'의 심리를 그 기저에 깔고 있으며, 억울함의 '한'심리 속에는 부당함을 내포하고 있습니다. 恨은 크게 세 가지 조건에서 발생됩니다. 첫째 부당한 차별대우를 받았을 때, 둘째 필요한 것이 타인에 비해 현격히 결핍되어 고통을 당할 때, 셋째 돌이킬 수 없는 큰 실수를 범했을 때입니다. 인간은 남으로부터 부당한 차별대우나 피해를 받았을 때 억울함을 느끼며, 동시에 그 상황을 초래한 가해 당사자나 자신이 처해진 상황에 대해 대한 증오심이 생깁니다. 그러나 한의 심리상태는 이 증오의 심리상태를 극복했을 때 나타나는 것입니다. 극복의 방법은 피해나 차별대우의 책임을 자신에게 해를 입힌 가해 당사자에서 분리시키는 것이며, 흔히 그 방법은 그 책임을 자신의 무능력이나 팔자 또는 불가항력적인 외부의 힘으로 돌리는 것입니다. 그렇다고 가해당사자에 대한 피해의식이나 증오가 완전히 사라진 것은 아닙니다. 즉, 힘없는 사람이 힘 있는 사람 또는 어쩔 수 없는 상황으로부터 피해를 받았을 때, 그 책임을 자신의 무력감으로 돌려 상대에 대한 증오를 감면시키지만 그렇다고 해서 힘없는 사람은 피해를 받아도 마땅한가 라는 문제에 대해서 지속적으로 회의감을 느낍니다. 바로 그 해답을 찾지 못한 상태에서 한이 맺히기 시작합니다. 즉, 한은 부분긍정(내가 힘이 없으니까)과 부분부정(힘이 없다고 당해야만 하는 것이 과연 옳은 일인가)이 결합된 마음상태입니다. 결국 恨의 심리상태는 자신의 불행에 대한 자책의 정념과 자신의 불행에 대한 부당함의 심리가 불안정하게 결합된 복합적인 감정입니다.

2) 기본적으로 억울하지만 어쩔 수 없다는 감정이겠군요. 우리나라의 경우 '恨'이 맺히는 상황을 연구한 실증적인 조사가 있나요?

우리나라의 경우, 자기통제 밖에 있는 원하지 않는 상황에 처할 때(예컨대, 돈 때문에 정말 하고 싶었던 일을 못했을 때, 가족이 죽었을 때, 꼭 해보고 싶었으나 외적인 상황 때문에 못했을 때, 어쩔 수 없는 운명적인 상황에 처했을 때, 자신에게 부정적인 결과를 초래하는 줄 알면서도 어쩔 수 없이 그것을 수용해야만 할 때, 현재 자신의 능력으로는 회복하거나 극복하기 어려운 상황에 처할 때)가 가장 한이 맺힌다고 보고하고 있습니다. 그 다음은 부당한 피해(부당하고 지나치게 억압받았을 경우, 외부압력으로 자기의 의사표시가 좌절되었을 때, 권력이나 권세에 의한 피해를 입었을 때, 죄 없이 억울한 일을 당했을 때, 배반감을 갖게 될 때)의 순으로 나타났습니다. 이들에게 '恨'이 쌓이게 된 배경을 보면 가난, 사별, 교육을 받지 못함, 가족 내 갈등(남편과의 불화), 전쟁으로 고향을 떠남(이북 실향민), 자식의 사고 등이 높은 응답률을 보였습니다. 여기서도 앞의 결과와 마찬가지로 불행성 결핍상황이 가장 높은 빈도를 보였으며, 그 다음은 부당한 차별 및 업신여김을 당한 상황이 꼽혔습니다.

3) 우리는 보통 원한이라고 말하는데 '恨'과 '怨'은 어떤 관계가 있습니까?

최상진(1993)의 연구에서 '怨'의 심리와 '恨'의 심리가 같은가 또는 다른가의 질문에 응답자의 87%가 다르다고 응답하였습니다. 이에 대해 다르다면 어떤 점에서 다르냐의 질문에 대해서, '怨'에는 증오, 보복, 분노, 원망, 반항심리 등의 감정상태가 전체적으로 가장 많이 기술되었으며, '恨'에 대해서는 피해, 좌절, 수동적 체험, 자학적 경향, 슬픔 등의 반응이 많이 나타났습니다. 즉, 한은 원에서처럼 극단적이고 적극적인 감정은 매우 드문 것으로 확인되었습니다. 전체적으로 응답자들은 '怨'의 심리는 보복 지향적이며, '恨'의 심리는 자책이 섞인 좌절의 심리상태로 보는 경향이 있었습니다. 즉, 원은 복수의 심정이며 한은 체념의 심정이라고 구분할 수 있습니다. '怨'과 '恨'의 발생에서 시간적 선후를 묻는 질문에 대해서는 83%의 응답자가 '怨'이 먼저 나타나고 시간적 경과와 더불어 '恨'이 나타난다고 보고하고 있습니다. 따라서 처음에는 원이 두드러지면서 감정이 분출되고 점차 내재화되면서 한으로 맺히는 것입니다.

4) ‘恨’ 이 많은 사람의 일반적인 특징이 있나요?

사람들은 한 많은 사람들이 온순하고, 다정하며, 인자하다고 인식합니다. 다음으로는 내향적이고, 참을성이 많으며, 의지력이 강하다는 등의 특성을 가진 사람으로 생각하고 있었습니다. 이러한 결과는 우선 ‘恨’은 다정다감하며 자기표현을 억제하는 사람에게 생기기 쉽다는 가능성을 시사합니다. 물론 ‘恨’이 많아 반대로 그러한 성격이 생길 수도 있다는 가능성을 완전히 배제하기도 어렵습니다. 이를 알아보기 위해 ‘情’과 ‘恨’과의 관계를 묻는 질문에 대해 86%의 응답자가 ‘情’과 ‘恨’은 관계가 있는 것으로 응답했습니다. 사람들은 그 관계성의 근거나 이유에 대해 ‘情’이 많으면 상처를 받기 쉽고, 또한 ‘情’이 많으면 자신의 주장을 내세우는데 약하며, 참는 경향이 많기 때문이라고 설명하고 있었습니다. 결국 한국인의 심리상태에서는 ‘情’이 많은 사람이 ‘恨’을 갖게 된다는 설명이 가능합니다.

5) 한이 맺히면 그 양상이나 상태가 시간에 따라 변하나요? 혹시 火병과도 관계가 있나요?

최상진(1997)이 연구한 恨의 발생단계를 시간적 변화와 관련시켜 분석해 보면 다음과 같습니다. 제1단계는 억울함을 함유하는 비극적 사건이 일어나면서 당사자가 욕구좌절과 분노, 적개심, 복수심, 원한 같은 강력한 감정을 경험하는 단계입니다. 그러나 그러한 감정의 직접적이며 대상지향적인 표출은 사회로부터 용인되지 않을 수 있습니다. 게다가 복수를 시도할 경우 복수상대로부터 오히려 보복을 받을 위험을 느낄 수도 있습니다. 따라서 이런 상황에서 자신의 감정을 억누르거나 억제하지 않으면 안 되는 상황이 됩니다.

제2단계는 억제된 분노나 적개심을 자기 스스로 약화시키고 수용하는 단계입니다. 즉, 감정 및 사건 해석의 전환단계에 해당됩니다. 여기서는 억울함이나 불행의 책임을 그 원인 제공의 당사자인 외부의 사람에서 자기 스스로에게 돌리거나 적어도 부분적으로 책임을 전가시킵니다. 따라서 분노 감정이 약화되는 심리내적 적응과정이라고 볼 수 있습니다. 보통 비극의 자기 책임 수용 방법은 자기 저주나 비하, 운명으로의 귀인, 허무주의 또는 합리화과정 등을 통해 일어납니다. 이러한 비극의 수용을 통해 제 1 단계에서 발생한 강력한 부정적 감정이 완화되고 약화되는 것입니다. 예컨대 분노는 슬픔으로, 욕구좌절은 무력감으로, 복수심은 자기 증오로 전환됩니다. 이 단계는 원한 한이 교대로 나타나면서 심정적으로 매우 불안정합니다. 따라서 마음에 불이 난 상태 즉, 火병이 발생할 위험성이 매우 높은 시기입니다.

제3단계는 2단계를 통해 가라앉힌 분노의 감정을 다시 반성해 보고 음미해 보는 심리적 활동단계입니다. 예컨대 억울하게 피해를 받은 약자가 그 책임을 일단 2 단계에서 자기 자신의 무능력에 돌릴 경우 제 3 단계에서는 다시 이러한 해석에 회의를 느낄 수 있습니다. 이 경우 "힘이 약하다고 당하고만 있는 것이 부당하지 않은가" 라고 생각할 수 있습니다. 또는 내 팔자가 나빠서 그런 불행을 당했다고 생각했다면 "왜 하필이면 나만 팔자가 사나워야만 하는가"라고 반문하는 회의적 심리상태가 됩니다. 이 단계에서는 슬픔, 흥분 등이 함유된 부정적 감정이 생기고 다시 가라앉는 감정적인 기복이 심해집니다. 이후 시간이 지나면서 안정된 한의 감정 상태로 침전되는 것입니다. 이러한 상태의 한은 적절한 사회적 통로를 통해 표출되기도 하며, 예술이나 문학과 같은 승화된 형태의 감정으로 전환되기도 합니다.

마지막 단계인 4단계의 恨은 자신의 감정적 관여로부터 분리되어 객관화되어진 상태의 한이라고 볼 수 있습니다. 이 시기에는 이제 자신의 한을 남 이야기 하듯이 담담하게 이야기합니다. 즉, 자신의 恨을 자신과 분리시킨 상태라고 말할 수 있습니다. 이 단계에서의 감정 상태는 평온하며, 조용하고, 쓸쓸하며, 한적합니다. 어떤 면에서 현실을 초월한 것 같은 초연한 상태라고 말 할 수 있습니다.

6) 화병이 우울증과 비슷해 보이기도 하는데 한으로 인한 화병과 우울증은 어떻게 다른가요?

예전에는 화병을 우울증으로 진단했던 경우가 많았습니다. 그러나 지금은 화병을 문화관련증후군(culture related syndrome)으로 인정하고 있습니다. 즉, 한국적인 독특한 증상으로 공인을 받은 것입니다. 개념적으로 볼 때 서양인도 화병과 유사한 정서 상태를 경험할 가능성이 분명이 있습니다. 그러나 역사나 문화적 특성으로 볼 때 우리나라에서는 보다 보편적으로 발생할 가능성이 있었습니다. 정서 상태가 유사할 수 있으나 화병 상태에서 급격히 분노와 체념이 교체된다는 점을 주목할 필요가 있습니다. 또한 우울증이 통제 상실로 이어지는 것에 비해 화병은 체념하고 합리화하며 결국 초연해 지는 발달과정을 거칩니다. 이러한 이유들 때문에 화병은 우울증과 다른 증상이라고 간주해야 합니다.

7) 한을 치료하거나 완화시킬 수는 있나요?

恨을 치료하기 위해서는 억압되고 체념화된 한을 표출하도록 해야 합니다. 정화가 일어나야 하는 것입니다. 다음에는 표출된 恨을 이해하고 공감해 주는 상대가 있어야 합니다. 恨이 많은 노인은 아무에게나 자신의 恨을 이야기하려 하지 않습니다. 그러나 자신의 입장과 비슷하거나 공감할만한 상대라고 판단될 때는 그 사람에게 자신의 한을 끊임없이 털어 놓게 되는 경우를 주변에서 쉽게 발견할 수 있습니다. 우리나라 사람들은 한을 공감하는 대상에게 급격히 우리라는 감정이 생기며 동지의식을 형성합니다. 恨을 공감하는 사람에게 자신의 恨을 토로하고 우리가 되고 위로와 힘을 얻는 것입니다. 한 맺힌 사람은 공감하고 인정하고 같이 있어 주는 것만으로도 치료적 효과가 있습니다.

20. 포기의 이유 - 학습된 무기력

1) 희망을 못 느끼면 의욕이 없어져서 다 포기할 것 같은데요.

그렇습니다. 사람들은 희망이 존재하기 때문에 현재의 어려움과 고통을 참고 견뎌냅니다. 미래에 대한 꿈을 잃으면 자포자기의 상태에 빠져 무기력하게 변합니다. 심리학자 M. 셀리그만(1975)은 무기력도 학습된다고 주장하면서 학습된 무기력(learned helplessness)이란 용어를 제안한 바 있습니다. 학습된 무기력이란 자신의 노력으로 고통을 종료시킬 수 없게 되면 즉, 환경을 통제할 수 없다고 느끼면 고통을 그냥 받아들이면서 통제하려는 시도를 포기하는 현상입니다.

2) 절망감 때문에 무기력해진다는 말씀이시군요. 이것이 통제력을 상실했기 때문이라고 하셨는데 통제력을 상실한다는 것이 구체적으로 어떤 것인가요?

통제력이란 노력하면 그 결과를 바꿀 수 있는 능력이나 최소한 그러한 신념을 말합니다. 셀리그만은 두 집단의 개(A, B집단)를 사용한 실험에서 이를 확인하였습니다. 그는 구금 장치에 가죽끈으로 묶여있는 두 집단의 개들에게 강한 전기충격을 주었습니다. 두 집단에 가해진 전기충격의 횟수와 시간은 동일하였습니다. 그러나 A집단에 속해 있는 개들은 전기충격이 오면 코앞에 장치된 판자를 밀어냄으로써 충격을 끌 수가 있었습니다. 즉, 환경을 통제할 수 있었습니다. B집단에 있는 개는 A집단에 있는 개와 각각 대응되어 있었습니다. 그래서 A집단의 개가 충격을 끌 때마다, 짝지어진 B집단의 개에 대해서도 전기충격이 꺼집니다. 차이점은 A집단과 B집단의 개들이 충격에 대해 할 수 있는 역할이었습니다. A집단의 개는 자신의 노력으로 결과를 바꿀 수 있었던 반면에, B집단에 있는 개들은 자신의 노력으로 전기충격을 전혀 통제할 수 없었습니다. B집단의 개는 자신의 행동과는 관계없이 A집단의 개가 하는 행동에 따라 결과가 달라졌습니다. 전기충격이 오면 B집단의 개는 그냥 참는 도리 밖에 없었습니다.

그 후 A와 B집단의 개들에게 표준적인 회피학습과제를 수행하게 했습니다. A집단의 개들은 처음에는 충격이 시작된 후에 곧 장애물을 뛰어 넘었으나, 시행이 반복되자 충격이 온다는 신호가 오자마자 장애물을 뛰어 넘어갔습니다. 전기충격을 받기도 전에 미리 피한 것이지요. 그러나 이전에 도피 불가능한 전기충격을 받았던 B집단의 개들은 이와는 매우 다르게 행동하였습니다. 처음에는 이리저리 뛰면서 짖고 으르렁거렸습니다. 미친 듯이 안절부절 했습니다. 그러다가 구석에 앉아서 낑낑 거리더니 결국 충격이 가해지는 것을 순순히 받아들였습니다. 아주 수동적으로 변한 것입니다. B집단의 개들은 전기충격을 피하려는 어떠한 시도도 포기한 듯이 보였습니다. B집단의 개들은 구금 장치에서는 무기력할 수밖에 없었지만 왕복회피과제에서는 충분히 전기충격을 피할 수가 있었습니다. 회피가 불가능한 충격을 받았던 B집단의 개들은 그럴 필요가 없었던 상황에서도 무기력하게 포기하고 있었습니다. 게다가 이 개들은 이런 학습된 무기력상태에서 아주 오랫동안 벗어나지 못했습니다.

3) B 집단의 개들은 그럴 필요가 없는 상황에서도 자포자기 했군요. 결국 자신의 힘으로 결과를 통제할 수 없다는 경험을 했기 때문에 무기력해지고 그런 상태가 일반화된 것이군요.

그렇습니다. 개를 통한 실험에서 학습된 무기력을 발견한 셀리그만은 침팬지와 인간 그리고 심지어는 붕어에게서도 모두 동일한 현상을 확인하였습니다. 이를 통해 셀리그만은 절망감은 학습된다고 결론을 내렸습니다. 사람들은 일상에서 겪게 되는 대부분의 사건이나 결과를 통제할 수 없다는 것을 알게 될 때 긴장하고 당황하게 됩니다. 이러한 사실을 반복해서 경험하면 결국 통제하려는 시도를 포기합니다. 즉, 아무리 해도 안 된다는 무기력을 학습하게 된 것입니다.

4) 우울한 사람들은 무기력한 심리상태를 흔히 호소하잖아요? 혹시 우울증도 학습된 무기력 때문인가요?

네, 아주 중요한 지적입니다. 우울증은 학습된 무기력 때문일 수 있습니다. 셀리그만(1975)은 우울증을 어떤 상황을 스스로 통제할 수 없음을 학습하게 된 결과라고 설명합니다. 학습된 무기력 상태에서 보이는 수동성과 침체된 정서 등은 우울증의 대표적인 증상입니다.

셀리그만은 학습된 무기력상태의 인간이 결과에 대한 사고방식이 왜곡되어 있음을 발견하였습니다. 그들은 첫째, 자신의 경험을 부정적인 관점에서 해석합니다. 그들은 자신이 패배했으며, 착취당하고 있고, 비난받고 있다고 생각합니다. 또한 인생은 고통의 연속이며 온갖 장애물들로 가득 차 있다고 비관합니다. 둘째, 자기 자신을 부정적으로 바라봅니다. 그는 자기가 부족하고 무가치한 사람이라고 생각합니다. 그리고 자신이 불행한 것은 스스로가 신체적 혹은 정신적으로 결함이 있기 때문이라고 단정합니다. 셋째, 미래에 대해 비관적인 전망을 합니다. 그는 현재 겪는 고통이 앞으로도 계속될 것이라고 예측합니다. 이러한 부정적인 기대는 슬픔과 실망 그리고 무감동과 같은 정서들을 초래합니다. 결국은 이러한 무기력한 자신을 스스로 비난하면서 모든 상황에 이러한 자신의 느낌을 일반화시킵니다. 우울증과 같은 병적인 상태로 빠진 것입니다.

5) 우울증을 치료하려면 이러한 왜곡되고 부정적인 사고방식을 바꿔야 하겠군요?

그렇습니다. 이 증상은 유전적 소인이나 특히, 신경전달물질 같은 생물학적 원인이 있습니다. 그러나 우울증은 기본적으로 부정적인 인지과정이 그 특징입니다. 그래서 치료도 사고방식을 변화시키는 데 초점이 맞추어져 있습니다. 우울증 환자로 하여금 자신의 생각이 무엇인지 우선 정확하게 지각하게 합니다. 그리고 이 지각한 생각 중에서 부정확하고 왜곡된 신념이 무엇인지 규명

합니다. 그 생각이 과연 현실적이고 객관적인지 확인한 후 이를 대체할 수 있는 긍정적이고 적응적인 사고방식을 발견하고 학습하는 것입니다.

우울증을 치료하기 위해서는 꼬리에 꼬리를 무는 부정적이고 자기패배적인 생각을 바꾸어야 합니다. 그리고 내가 아무것도 할 수 없다는 무기력감을 수정해야 합니다. 실패가 반드시 내 탓만이 아닙니다. 그리고 비록 실패했더라도 노력하면 그 부정적인 결과를 바꿀 수 있다고 믿어야 합니다. 결국 다양한 대안을 모색하고 긍정적으로 기대하는 것을 배우는 것이 치료의 핵심입니다. 치료자는 우울증 환자의 이러한 긍정적인 변화에 대해 즉각적으로 피드백하고 지속적으로 강화해야 합니다.

6) 우울증이 무기력감의 결과라는 것을 이해하겠습니다. 공부하는 학생들도 무기력감에 빠지게 되면 학교 장면에서 대단히 부정적인 결과를 초래할 것 같은데요.

그렇습니다. 학생들도 학습된 무기력에 빠질 가능성이 다분히 있습니다. 학교는 이미 성적으로 경쟁하는 장소가 되어 버렸습니다. 이 체계에서는 내가 아무리 노력해도 다른 사람이 더 잘한다면 소용이 없습니다. 결과는 상대적일 수 밖 에 없고 이 결과를 바꾸려면 스스로의 힘만으로 안 됩니다. 결국 남이 나보다 더 못해주는 조건이 필요합니다. 이런 학습된 무기력은 자신의 학습능력에 대한 의구심으로 이어집니다. 이 때문에 학문적 성공을 통제 불가능한 것으로 인식하게 됩니다. 이러한 심리 상태는 결국 좌절을 야기 시키기 때문에 과제를 미리 포기하는 경우도 생깁니다. 이렇게 되면 공부를 해야만 하는 뚜렷한 동기가 상실됩니다. 조금만 어려우면 쉽게 포기할 뿐만 아니라 끈기나 치열함이 없어집니다. 충고를 받아들이지 않으며 학습이나 성적에 무관심하거나 심지어 초연한 것처럼 보입니다. 실패를 자신의 능력부족으로 귀인 하게 되면 이전에는 결코 실패하지 않은 상황에 까지 이러한 부정적인 신념이 일반화됩니다. 그래서 잘 할 수 있었던 수행에서도 계속 틀리고 무기력해집니다.

이런 상황은 학습이 부진한 학생들보다도 영재아들에게 더욱 극단적인 결과를 유발할 수 있습니다. Cramer와 Oshima(1992)는 영재아들이 오히려 학습된 무기력감으로 자주 좌절하는 것을 확인한 바 있습니다. 그런 부모는 아동들에게 벅찰 정도의 높은 기대를 갖고 있습니다. 그 부모들은 평범한 학교에서 좋은 성적을 거둔 아이를 영재반에서 공부하도록 밀어 넣곤 합니다. 그 아이가 우수한 아이들과 경쟁하면서 상대적으로 낮은 수행을 보이면 부모들은 이것을 "실패"로 간주합니다. 아이 스스로도 노력을 한다고 해서 영재반에서의 성공을 보장하지 않는다는 것을 뼈저리게 느낍니다. 이런 상황이 반복되면 영재아일 경우라도 학습된 무기력상태에 빠질 수 있습니다. 이런 예는 소위 특목고나 영재학교 등에서 자주 발견되는 현상입니다. 영재들의 비극이지요.

21. 근거 없는 희망 - 비현실적인 낙관주의

1) 낙관적으로 생각하는 것이 지나칠 정도라는 의미인가요?

그런 뜻이라고 볼 수 있습니다. 심리학적 용어로 어떤 사건에대한 태도를 지칭할 때는 비현실적 낙관주의(unrealistic optimism)라고 명명하고 개인에 대한 평가를 지칭할 때는 자기고양 편향(self serving bias)이라고 부릅니다. 비현실적 낙관주의란 현실 상황에 상관없이 미래가 긍정적이라고 사고하고, 과거보다 현재가, 현재보다 미래가 나아질 거라고 믿는 것입니다 (Brickman,Coates & Janoff-Bulman, 1978).

어떤 TV광고에서 “생각대로 하면 되지”라고 천연덕스럽게 흥얼거리더군요. 물론 긍정적으로 생각하는 것은 좋지만 지나치면 문제가 있습니다. 실제로는 자신이 생각하는 것처럼 항상 긍정적인 결과가 나타나지 않거든요. 특히 자기고양편향은 자신을 사실과 다르게 지각하며 타인이 지각하는 값보다 자신을 더 긍정적으로 평가하는 경향입니다. 현실은 그렇지 않고 자신의 실체는 그에 훨씬 못 미치는데 생각만 계속 그러기를 정말 바란다는 것은 일종의 착각일 수 있습니다.

2) 앞으로 잘될 것이라는 희망이 세상을 살아가는데 도움이 되기 때문에 그런 마음이 드는 것은 아닐까요?

네, 그렇게 볼 수 있습니다. 기본적으로 사람들은 현실을 있는 그대로 수용하지 않습니다. 개인이 가지고 있는 기준에 의해 사물이나 상황을 다시 해석하고 선택적으로 수용합니다(Nisbett & Ross, 1980). 즉, 정보를 주관적으로 받아들이는 동시에 자신에게 유리한 방향으로 왜곡하여 받아들입니다. 그렇게 하는 이유는 본질적으로 자존심을 유지시키고자 하는 욕구 때문입니다. 성공을 자신의 능력 덕분으로 해석하고 실패는 상황이나 운이 나쁜 것으로 해석함으로써, 자신을 능력 있고 가치 있는 사람이라 여기며 자존심을 유지, 고양시키는 것이지요. 스스로를 보잘 것 없다고 생각하면 앞으로도 자신은 실패할 것이며 결국 생존 경쟁에서 도태될 사람이라는 것을 시사합니다. 그래서 사람들은 자신의 긍정적인 측면을 부정적인 측면보다 더 쉽게 회상하고, 또 성공 경험을 실패 경험보다 더 구체적으로 기억합니다. 자신이 수행한 일에 대해서도 실제보다 더 성공적이었다고 확신하는 경향이 있습니다(Crary, 1966). 자신이 경쟁력 없는 사람이라고 스스로 믿고 싶어 하는 사람은 없을 테니 이러한 심리는 어쩌면 당연한 것일 수도 있습니다.

3) 비관적으로 생각하는 것보다는 낙관적이라고 생각하는 것이 훨씬 바람직하다는 것은 충분히 이해가 됩니다. 낙관적인 태도를 가지면 구체적으로 어떤 장점이 있을까요?

레이블과 톰슨(Laible & Thompson, 1998)의 연구에 따르면 유아기 때 부모와 안정적 애착을 형성한 아동이 낙관적인 성향이 높았고 청소년기와 성인기의 대인관계가 원만하였습니다.
또한 낙관적 성향은 현실을 왜곡하여 여러 문제를 야기하는 원인이 되기보다는 어려운 상황이 닥칠 때 미래에 대한 기대를 포기하지 않고 자신이 세운 목표를 성취할 수 있는 원동력이 됩니다(Scheier, Weintraub, & Carver, 1986).
낙관주의자들은 자신이 노력하면 결과를 바꿀 수 있다고 믿기 때문에 적극적으로 반응하고 노력하는 사람입니다. 당연히 개인의 심리적 건강뿐 아니라 기업 내에서의 업무 효율에도 영향을 미칩니다. 기존 연구들에서는 개인이 직무를 잘 수행하기 위한 지식, 기술, 능력을 갖추었다는 조건에서 낙관적인 태도를 보이는 사람이 직무에 더 만족하고 있으며 조직에 대한 충성도도 더 높다는 사실이 확인되었습니다(O'reilly et al., 1991; Kristof 1996).
낙관주의적 성향의 사람들은 자신뿐만 아니라 다른 사람들도 긍정적으로 인식하기 때문에 상대방에게 더 많은 호감을 줍니다(Carver, Kus, & Scheir, 1994). 당연히 비관적인 사람에 비해 오랜 시간 우정을 유지합니다(Geers, Reilly & Dember,1998).
이런 이유 때문에 낙관적인 사람들은 스트레스를 받았을 때도 주변 사람들에게 더 지지를 받습니다. 사람들은 긍정적이고 낙관적인 사람을 좋아하기 때문에 그가 위기에 빠지면 기꺼이 도움을 주고 싶어 하거든요. 그는 사람들의 도움으로 위기를 벗어날 가능성이 높습니다.
낙관주의는 현재가 어떠하든지에 관계없이 긍정적 미래에 초점을 맞추는 사고방식이라고 할 수 있습니다. 그들은 아직 실현되지 않은 미래에 대한 가능성을 항상 염두에 둡니다. 낙관주의적 사고를 갖고 끊임없이 도전하는 태도는 목표를 성취할 가능성도 극대화시킬 수 있습니다. 낙관주의는 상대방에 대한 긍정적 기대감을 형성해 건강한 대인관계를 유지하는데도 분명 도움이 됩니다.

4) 현실이 뒷받침되지 않는데 계속 낙관적으로만 생각하면 언젠가는 정말 크게 좌절하지 않을까요?

아주 좋은 지적입니다. 낙관주의가 장점만 있는가에 대해서는 논란이 많습니다. 마리 예호다(Marie Jahoda)는 정확한 현실 지각을 정신 건강의 가장 중요한 요소라고 생각했습니다.
즉, 이러한 관점에서는 정신적으로 건강한 사람일수록 자신이나 세상, 미래에 대해 객관적으로 지각을 하지만, 정신적으로 건강하지 못한 사람은 자신이나 세상, 미래를 왜곡하여 지각합니다. 따라서 현실을 정확하게 지각하지 못하는 사람들을 정신적으로 건강하지 못하며, 적응을 못하는 사람이라고 말할 수 있습니다.
프로이드(Freud)의 견해에 의하면 비현실적 낙관주의는 구강기 유아의 욕구가 과잉 충족되어 발생한 부정적인 결과로 보고 있습니다. 현실검증능력(reality testing ability)이라는 것은 있는 것을 있는 그대로 파악하는 능력입니다. 따라서 비현실적인 낙관주의는 현실 검증능력이 부족한 무능력과도 관련이 있을 수 있습니다. 이런 사람들은 성인기 이후에도 현실을 왜곡하는 방어기제를 빈번하게 사용하면서 자신의 무능력과 불안을 애써 위장하는 사람인지도 모릅니다.

지속적인 노력이 수반되지 않는 낙관주의는 분명히 문제가 될 수 있습니다. 낙관주의적 기대감을 갖는 사람은 목표달성을 위해 꾸준히 노력합니다. 이들은 지속적으로 노력하면 바람직한 결과를 얻을 수 있다고 생각합니다. 노력이 수반되지 않으면 요행을 바라고 운 좋게 목적이 달성되기만을 기대하는 습관으로 이어지기 쉽습니다. 궁극적으로는 목표성취를 방해하거나 지연시키는 결과가 초래될 수 있습니다.

5) 애써 노력해도 변화시킬 수 없는 환경에서 오히려 낙관주의적 태도가 사태를 더욱 악화시킬 수도 있겠네요?

맞습니다. 극복이 가능한 스트레스 장면에 직면하였을 때에는 낙관주의적 사고를 가진 사람들은 긍정적으로 사고하면서 그 문제에 직접 직면해 나가기 때문에 일을 해결할 가능성이 높습니다. 그러나 예외가 있습니다. 즉, 변화가능성이 적은 상황하에서 낙관주의적 사고는 문제 해결에 별로 도움이 되지 않습니다. 특히 변화가능성이 보장되지 않는 사태에서 완강하게 낙관주의적 사고를 고집하면 오히려 불이익을 당할 수 있습니다.
예를 들어 파산지경에 이르면서까지 언젠가는 성공할 것이라 생각하고 계속해서 도박을 하거나 주식에 투자하는 경우가 이에 해당합니다. 비현실적 낙관주의가 오히려 사회적으로 건강하지 않은 결과를 초래할 수 있는 것이지요. 도박 중독자들을 대상으로 한 연구에서도 이런 경향이 실제로 확인되었습니다.

폴러스(Paulhus, 1998)는 지나치게 낙관적이고 자기고양편향이 많은 사람은 처음에는 자신감 있고 적극적인 성격으로 인해 다른 사람으로부터 긍정적 평가를 받지만, 시간이 갈수록 긍정적 평가가 부정적 평가로 바뀐다는 결과를 확인한 바 있습니다.
낙관적인 사람은 스스로 자신이 인기 있고 또 매력 있는 사람이라고 생각합니다. 그러나 지나치게 낙관주의적 태도를 보이는 사람에 대해 주변사람들은 시간이 지날수록 점차 책임감이 부족하고 진중하지 못한 사람이라고 인식하는 경향이 있습니다.
존과 로빈(John & Robin)은 비현실적인 낙관주의자들이 자기애적 성격(narcississistic personality)장애자들과 유사한 심리적 특성이 있다는 주장을 제기하기도 하였습니다. 지속적으로 낙관적인 생각을 유지하기 위해서는 성공에 대한 강박관념을 갖게 되고 유리한 결과를 이끌어내기 위해서 다른 사람을 전략적으로 이용하는 경향이 많다는 것이지요. 그런 점에서 보면 비현실적 낙관주의자들은 이기주의자이거나 혹은 허풍쟁이일 가능성이 있습니다.

실제 능력이 뒷받침되어 있지 않고 또 상응하는 노력이 수반되지 않는 비현실적 낙관주의는 오래가지 못합니다. 결국은 한계에 부딪히거든요.

웨인스타인(Weinstein, 1980)은 이러한 믿음을 비현실적 낙관론(Unrealistic optimism)이라고 명명하였고, 테일러와 브라운(Taylor & Brown, 1988)은 이 믿음을 자기 자신에 대한 허상(illusion)이라고 주장하였습니다. 웨인스타인의 연구에 따르면 일반적으로 사람들은 자신들이 영재아이를 낳을 가능성과, 80이 넘도록 장수할 가능성 등이 다른 사람들보다 높다고 생각합니다. 반면에 자살을 기도할 가능성과 40세 이전에 심장마비를 경험할 가능성 등은 다른 사람보다 현저히 낮다고 믿습니다.
만일 이 믿음을 어떤 한 개인이 소유하고 있다면 굳이 이것을 오류라고 볼 수가 없습니다. 왜냐하면 이 믿음이 정말 사실일 수도 있기 때문입니다. 그리고 어떤 사람이 자신의 아이가 영재아가 될 가능성이 남의 아이가 영재아가 될 가능성보다 높다고 믿을 때는 그 믿음이 오류라고 증명할 방법도 없습니다. 그러나 한 집단의 모든 구성원이 이러한 믿음을 가지고 있을 때는(즉, 그 집단의 모든 사람들이 자신의 아이들이 영재아일 가능성이 그 집단의 다른 모든 사람들의 아이들이 영재아일 가능성보다 높다고 믿는다면) 그 믿음은 논리적 오류가 있습니다. 그래서 그 믿음이 '비현실적'이라고 불리는 것입니다.
그런데 이러한 비현실적이고 자기고양적(Self-Serving)인 자기지각은 미래 사건에 대한 예측에만 국한하지 않고 자신의 능력이나 성격특질을 평가할 때도 일어납니다. 이를 '평균이상효과(the better-than-average-effect)'라고 합니다.(Alicke, Klotz, Breitenbecher, & Yurak, 1995; Campbell, 1996). 예를 들면 대부분의 사람들은 다른 사람들에 비해 자신이 더 창조적이며 매력적이고, 정직하고, 성실하며 공정하다고 믿는 경향이 있습니다. 만일 모든 사람들이 자기 집단에서 평균이상이라면 도대체 누가 평균이고 누가 평균 이하란 말입니까? 바로 이런 이유로 이러한 믿음이 논리적 오류이며 비현실적이라고 불리는 것입니다.

22. 죽음의 역설 - 자살

1) 2006년 통계청 자료에 의하면 한 해 동안 한국의 자살자 수는 1만 688명이었습니다. 하루 평균 29명이 스스로 목숨을 끊은 셈인데요. 이 비율은 OECD 국가 내에서 가장 높은 수치라면서요?

네, 놀랍게도 우리나라는 자살빈도가 최다인 나라입니다. 자살은 워낙 중요한 사회적인 문제이기 때문에 다음과 같은 새로운 관점에서 설명할까 합니다. 바로 진화적인 관점인데요. 여기서는 자살이 진화의 산물이기 때문에 오히려 적응적인 선택행동일 수 있다는 가정에서 출발합니다.

2) 스스로 목숨을 끊으면 생존이 안 되고, 더 이상 번식할 수 없으니 유전자를 전달할 수 없잖아요? 진화적으로 볼 때도 효율적이지 않은 것 같은데요?

그렇게 볼 수도 있습니다. 바로 그런 이유 때문에 자살 문제는 진화생물학자들이나 진화심리학자들에게 골치 아픈 주제였습니다. 또 그만큼 관심을 끌었지요. 일단 자살을 정확하게 정의할 필요가 있습니다. 우선 자살하려는 의도와 자살하는 행동은 다릅니다. 자살은 죽으려는 의도가 자신의 목숨을 단절시키려는 행동으로 이어져야 합니다. 이런 전제라면 동물은 자살을 할 수 없습니다. 동물들은 의식적으로 자살을 생각하지 못하기 때문입니다.

기본적으로 다른 사람을 공격하려는 의도보다 자신을 죽이는 것이 일차적인 목적이어야만 자살로 인정할 수 있습니다. 예를 들어, 꿀벌은 침입자에게 침을 꽂아 넣으면서 복부가 파열되고 자신도 죽습니다. 자폭하는 셈이지요. 이 행동은 얼핏 보기에 자살하는 것처럼 보입니다. 그러나 이 행동의 기본적인 목적은 자신이 죽으려는 것이 아니라 적을 공격하는 것이기 때문에 자살이 아닙니다. 이 개념을 적용한다면 가미가제 공격이나 자살 폭파범도 자살로 보기 어렵습니다. 이것은 적에게 자신과 자신이 속한 집단도 공격을 가할 수 있다는 의도를 분명히 드러내는 행위입니다. 약자가 강자에게 대항하는 최후의 수단이라고 말하는 사람도 있습니다. 그들은 순교나 애국심을 확인하는 등 특정 목적을 달성하기 위해서 죽은 것입니다. 정말 죽고 싶어서 죽은 것이 아닐 수 있기 때문에 과연 자살로 보아야 할 것인지 곰곰이 따져보아야 합니다.

3) 그렇다면 자신을 해치는 것 이외에 더 강력한 다른 이유가 있을 경우 자살이 아닐 수도 있다는 뜻인가요?

네, 진화적인 관점에서는 그렇게 설명할 수 있습니다. 결론부터 말하면 자살이 오히려 적응적인 행동일 수 있다는 것입니다. 이것을 적응가설(adaptation hypothesis)이라고 합니다. 내가 죽음으로써 내 가족이나 친족이 더 생존할 수 있고 더 번식할 수 있다면 내가 죽는 것이 정말 죽는 것이 아닙니다. 그들은 내 유전자를 공유한 바로 나의 분신이자 또 일부입니다. 진화과정은 유전자를 전달하는 것이 기본적인 목적이기 때문에 내가 그런 역할을 하기가 어렵다면 이 과정을 가장 효과적으로 수행할 수 있는 또 다른 나의 분신에게 이 일을 맡기는 것이 더 효과적인 선택일 수 있습니다. 내가 살아 있어도 이 일을 잘 못하는 상태이고 자신이 살아 있다는 것 자체가 오히려 유전자를 공유한 다른 가족들의 유전자 전달 역할도 방해하는 상황이면 죽는 행동을 선택할 가능성이 있습니다. 다분히 전략적이고 경제적인 행동일 수 있다는 것이지요, 혈족도태(kinship natural selection)라는 개념으로 설명하기도 합니다. 포괄적인 적응(inclusive fitness)이라는 관점에서 보면 결과적으로는 그리 이상한 행동이 아닌 셈입니다.

동물들도 자신이 더 이상 번식가능성이 없을 때 인간이 보기에 자살처럼 보이는 행동을 합니다. 인간도 심하게 아프거나 매우 늙은 경우에 자살률이 높습니다. 스스로 생존과 번식 가능성이 더 이상 없다고 생각할 때 자살은 여러모로 현실적인 대안 중의 하나가 될 수 있습니다.

이 관점을 따른다면 자신을 돕는 친족이나 가족이 얼마나 자신과 가까운지에 따라 자살 가능성이 다를 것이라고 예측합니다. 사람들은 가까운 가족이 옆에서 관심을 가지고 돌보아 주면 힘을 얻고 위안을 받기 때문에 자살할 가능성이 줄어들 것이라고 생각합니다. 그러나 자신을 아끼고 사랑하는 가족이 있다면 오히려 자살할 가능성이 더 높을 수 있습니다. 가까운 친족이 자기를 돌보

아주고 도와주는 행위를 하다가 자원을 손실한다면 장기적으로는 그들을 통해서 자신의 유전자를 전달하려는 목적도 달성하지 못할 수 있습니다. 그 경우에는 근친도(degree of relatedness)가 높을수록 친족에게 의존하는 행위가 자신의 포괄적인 적응도에 더 큰 손실을 끼칠 가능성이 높기 때문입니다. 자살 의도가 있는 사람들을 대상으로 한 실제 연구에서도 이런 심리상태가 시사되었습니다.

4) 그렇다면 자신이 죽음으로써 남겨진 자식이 오히려 더 열악한 상황에 처하게 되면 자살을 망설이겠군요.

네, 맞습니다. 가족 특히 자식은 복제된 자신입니다. 자기가 죽어서 자식이 더 가난해지고, 경쟁력이 없어진다면 결국 자식도 생존하기 어려울 것입니다. 자식마저도 유전자를 전달하는 역할을 못한다면 이것이야말로 치명적인 상황입니다. 어쩌면 자살을 생각하는 사람들의 고민은 좌절이라기보다는 내가 죽는 행동이 과연 내 유전자를 공유한 다른 구성원들에게 도움이 되고 정말 유리한 것일까를 확신하지 못해서 생긴 불안 때문일 수 있습니다. 자살을 생각하는 사람에게 이 사실을 고민하도록 유도하면 자살이 다른 가족에게 끼치는 영향을 정말 현실적으로 계산합니다. 그 사람이 생각을 잘하지 못한다면 냉정하게 알려줄 필요도 있습니다.

악성 댓글에 시달린 우리나라의 어떤 여배우가 자살한 사건이 있었습니다. 워낙 유명한 배우여서 나라가 술렁거렸고 다른 나라의 뉴스에서도 크게 보도될 정도였지요. 그 후 재산과 자식들의 친권 문제로 이혼한 전남편과 그녀의 가족은 갈등을 일으켰습니다. 이런 사실을 그녀가 미리 예상했고 또 남겨진 자식의 인생에 끼칠 영향을 냉정하게 계산했다면 아무리 괴로웠다고 해도 자살을 실행에 옮기기 주저했을 것이라고 생각합니다. 사실 얼마나 힘들었으면 자살을 생각했겠습니까? 그러나 막상 자살을 할 때는 충동적인 기분에 사로잡혀서 실행하는 경우가 대부분입니다. 그 순간에 이런 냉정한 판단이 필요합니다. 그 여배우에게는 그런 생각을 강력하게 주지시키면서 확신을 줄 사람이 없었던 것 같습니다.

진짜 자살은 유전자를 전달하는 행동을 포기하는 것이고 유전자로 표현되는 자신의 흔적을 이 세상에서 완전히 지우는 선택입니다. 개체가 자연에서 흔적도 없이 사라지는 것이지요. 개체가 제대로 발달하기 위해서 일부 세포 등이 스스로 죽는 것은 당연히 자살이 아닙니다. 세포의 죽음이 곧 개체의 죽음이 아니거든요. 이와 마찬가지로 유전자를 전달하려는 효율적인 행동의 일환으로써 자살을 선택한 것이라면 진짜 자살이 아닐 수 도 있습니다.

5) 그런 관점이라면 중절 수술을 하거나 결혼을 해서 자식을 낳지 않기로 결심하는 것도 비슷하게 설명 할 수 있겠군요?

네, 아주 정확하게 보셨습니다. 만약 어떤 자식이 심각한 결함이 있어서 아무리 정성들여 키워도 번식에 성공할 가능성이 적고 생존이 어렵다고 판단했다면 일찍 그 자식을 포기하고 경쟁력이 있어 보이는 다른 자식에게 자원과 관심을 집중하는 것이 효과적일 수 있다는 것입니다. 이런 관점에서 특정한 자녀를 차별하거나 아동학대가 발생한다고 설명하는 학자들도 있습니다. 숭고한 부모 자녀 관계를 이렇게 해석하는 것에 대해 불쾌해할 분도 계실 것입니다. 일단 그렇게 설명할 수도 있다는 것이고 하나의 가설입니다. 중절수술을 하는 것은 지금 아이를 낳지 않고 본인의 생존에 집중하는 것이 장기적으로는 더 유리하다고 판단했기 때문입니다. 현재 자원도 부족한 상태에서 경쟁력이 없는 자식을 키우는데 모든 노력을 기울인다면 자식뿐 아니라 자기의 생존도 보장할 수 없습니다. 그리고 앞으로 있을지도 모르는 또 다른 자식에게 기회를 주지 못하는 것입니다. 다른 배우자를 만날 가능성도 고려한 것일 수도 있습니다. 이 상태에서 아이를 낳는다면 대단히 모험적인 선택일 가능성이 있습니다. 결국 일종의 기회비용으로 판단한다면 지금 아이를 낳지 않는 것이 반드시 진화에 역행하는 것이 아닙니다.

6) 진화의 관점에서 보면 참 냉정하군요. 다는 생각이 드는군요.(자연과 현실은 냉혹합니다. 인간도 이에 적응하는 과정에서 이렇게 대응한 것일 수 있습니다). **혹시 자살을 진화적인 관점에서 다르게 설명하는 경우가 없나요?**

네, 자살에 관해 또 다른 진화적 관점이 있습니다. 이것을 부산물 가설(by-product hypothesis)이라고 합니다. 즉, 어떤 행동이 처음에는 진화에 도움이 되었지만 예기치 않은 부산물이 생겼고 그 중 하나가 자살이라는 것입니다. 즉, 냉정하게 계산된 적응행동이 아니라 적응에 도움이 되는 어떤 행동을 발달시키는 과정에서 우연히 그리고 예상하지 않게 수반된 후유증으로 보는 것입니다.

예를 들어, 우울이라는 감정은 자연선택 과정에서 유용한 정서였습니다. 우울증적 현실주의라는 개념이 있습니다. 우울증자들이 세상을 더 현실적으로 판단한다는 것입니다. 그들은 현실을 있는 그대로 보는 경우가 더 많습니다. 우리가 사는 세상에서는 착한 사람이 항상 잘되지는 않으며 나쁜 사람이 늘 벌 받지 않습니다. 이것이 우리가 발붙이고 사는 진짜 현실입니다. 사실 정신적으로 멀쩡하게 보이는 우리들이 보고 싶은 것만 보고 있는 그대로의 현실을 왜곡합니다. 그래서 마음 편하게 사는 것인지도 모릅니다. 오히려 그들이 현실을 있는 그대로 직시하는 사람일 수 있습니다. 결국 이런 관점이라면 우울은 현실을 냉정하게 재평가하고 가장 실현 가능성이 있는 대응방안을 모색하는데 도움이 되는 정서였습니다.

게다가 우울한 사람은 주변 사람들에게 도움을 받기 쉽습니다. 사람들은 죽을 것 같고 약해 보이는 사람을 더 이상 공격하지 않습니다. 동정하면서 관심을 기울여주고 과도한 스트레스를 주지 않으려고 조심하거든요. 결국 우울한 정서는 강화를 받을 가능성이 있고 별로 불리할 것이 없었습니다. 적응에 도움이 된 정서로서 진화한 것이지요.

그런데 우울정서에 너무 몰두하여 지나칠 정도가 되면 적응적인 관점에서 예상하지 못한 감정이 생깁니다. 바로 절망감(hopelessness)입니다. 우울은 자신이 처한 상황을 반추하고 적당하고 현실적인 전략을 찾는데 유리했지만 절망감은 현실을 너무나 비관적으로 평가해서 대응방안을 찾는 것도 포기할 만큼 스스로 무기력해진 상태입니다. 우울감과 절망감은 연속선상에 있습니다. 특정한 행동이 적응에 도움이 되었지만 도가 지나쳐서 적응에 불리해진 것입니다. 한발 더 나아갔더니 예상하지 못한 후유증이 생긴 것이지요. 그래서 우울의 부산물이 절망감이고 그 결과가 자살이라는 것입니다. 자연선택의 진화과정에 잘 부합하기 위해서는 적당한 균형 감각도 필요합니다. 정말 위태위태하고 어려운 줄타기 과정이지요.

23. 거부에 대한 기대 - 낙인효과

1) 낙인이라면 수용할 수 없는 사람이라고 오명을 씌우는 것이겠군요?

네, 맞습니다. 낙인이란 어떤 사람이나 집단에게 보이는 극단적인 편견입니다. 그들에게 부당하고 부정적인 내용을 담은 표식을 붙이는 행위입니다. 다음 단계로 그 표식이 찍힌 개인 또는 집단을 소외시키고 배척하는 행위로 이어질 가능성이 있습니다. 사회 구성원들은 일탈행위자였던 사람의 경력을 들추어내면서 앞으로도 계속 일탈행동을 할 가능성이 있다고 단정합니다. 문제는 그 대상자 스스로도 일탈행위자라는 낙인을 당연시하게 되어 일탈행동을 계속한다는 것입니다. 사람들은 남들이 자신을 긍정적으로 생각해 주면 기대에 부응하려고 노력하지만, 부정적으로 평가하면 그 사람들이 보는 대로 행동하게 됩니다. 이것이 바로 낙인효과입니다.

2) 가해자들의 편견도 문제이지만 낙인찍힌 사람들이 그대로 행동하게 된다는 것이 더 큰 후유증이겠군요?

그렇습니다. 심리적 장애의 경험이 있었던 사람들에 대한 부정적인 태도는 아주 전형적인 예가 될 수 있습니다. 대중매체에서 정신과적 환자를 폭력범죄를 저지를 사람으로 묘사하거나 그들의 정신적인 무능력을 반복적으로 강조하곤 합니다. 사람들은 현재의 심리적인 장애나 정신 병력을 감춤으로서 스스로를 낙인찍기도 합니다. 특히, 정신병이라는 낙인은 개인의 삶에 다양한 방식으로 부정적인 영향을 줄 수 있습니다.

Wright등의 연구(2000)에서 정신병으로 입원했던 84명의 남자 중 6%가 이 병력 때문에 직장을 잃었고, 10%가 아파트 입주를 거부당했습니다. 또한 37%의 사람들은 주변 사람들이 자신을 의도적으로 피했고, 45%는 주변 사람들이 자신에게 상처주기 위해 정신질환의 경력을 들먹인 적이 있었다고 보고하였습니다.

이런 과정이 반복되면 정신질환의 경력이 있었던 사람은 다른 사람들이 자신을 거부할 것이라고 기대합니다. 그리고 곧 자기는 그런 사람이라고 스스로 내면화하게 되지요. 따라서 정신질환자들에 대한 낙인은 환자의 자존감을 낮추고 치료 후 사회적응을 방해하는 바람직하지 않은 효과가 있습니다. 모든 사람들이 그렇게 보면 실제로 자신은 그런 사람이 아닌데도 스스로를 그렇게 규정하고 행동하게 됩니다. 그의 부 적응적 행동이 반복되면 사회 구성원들도 자신들의 판단이 잘못된 것이 아니었다고 확신하게 되는 것입니다.

3) 대다수의 사회 구성원들이 어떤 개인에 대해 편견을 갖고 대하면 정말 그런 사람이 되어 버리는군요.

네, 이 과정에 관한 흥미 있는 실험이 있어 소개해 드리겠습니다. 이전에 정신병 때문에 병원에 입원한 적이 있었던 29명의 남자가 이 연구에 참여하였습니다. 그들은 모두 치료되었고 현재에는 정신적 장애가 없다고 진단된 사람들 이었습니다. 실험에서 그들은 정신과적 증상이 있으면 직장을 구하기 어렵다는 말을 들었고 대기업의 인사 훈련자와 만날 것이라는 말도 미리 들었습니다. 29명의 참여자들 중 절반에게는 인사 훈련자가 그들이 정신과 환자였었다는 사실을 알고 있다고 알려주었습니다. 그리고 나머지 반에게는 자신이 외과적 문제로 입원했던 것으로 그들이 믿고 있다고 알려주었습니다. 사실 인사 훈련자는 실험조교였고 참여자에 대해 어떤 정보도 갖고 있지 않았습니다. 그러므로 참여자와 실험자가 상호작용할 때 일어난 차이는 참여자의 기대 때문에 발생한 것이라고 말할 수 있습니다.

실험 결과 자신이 정신과적 환자였음을 상대가 알고 있다고 믿었던 참여자들은 면담 중에 말을 적게 하였습니다. 또한 그들은 협동 작업에서 소극적이었으며 실제로 수행이 매우 저조하였습니다. 아무런 정보를 가지고 있지 않았던 실험조교들 조차도 이 집단의 참여자들이 더 긴장하고 불안하였으며 부자연스러운 행동을 했다고 평가하였습니다. 이 연구는 “거부에 관한 기대”라고 알려진 실험입니다. 다른 사람들이 자신을 그렇게 볼 것이라고 기대하는 순간부터 정말 그 기대대로 행동한다는 것을 입증한 연구입니다.

4) 사회적으로 낙인을 찍으면 자기 스스로도 이것을 인정하는군요. 편견의 힘이 정말 무섭네요. 낙인효과는 정신질환뿐만 비행이나 범죄에도 적용될 수 있겠네요?

그렇습니다. 이것은 범죄에 관한 아주 고전적인 해석 중 하나입니다. 일탈자로서 낙인을 찍는 그 과정 자체가 그 후에 따르는 개인의 일탈행위를 결정하는 중요한 요인입니다. 공동체(사회)가 어느 특정한 개인을 일탈자로 낙인찍으면, 공동체는 그에게 새롭게 주어진 바로 그 지위(identity)로 살아갈 것을 기대합니다.

일단 개인이 일탈자로 규정되면, 그는 이제까지와는 완전히 다른 각도에서 평가됩니다. 낙인이 찍힌 그들은 새로운 주체성과 개성을 획득해야 합니다. 슈어(Schur)는 이러한 현상을 눈덩이 효과라고 정의하였습니다. 예를 들어, 처음에 어떤 나쁜 의도를 가지지 않고, 학교 유리창에 돌을 던진 어린이가 있다고 가정해 봅시다. 소년이 그 행위로 말미암아 처벌받고 비행소년으로 취급되어지면, 그 자신이 대단히 나쁜 짓을 했다고 생각하기 시작합니다. 동시에 그는 예전과는 달리 자신이 가치 있는 인간이라고 생각하지 않게 됩니다. 드디어 그 소년은 말썽꾸러기라고 낙인이 찍힌 아이들과만 어울리게 되면서 점점 더 정도가 심한 비행을 저지를지도 모릅니다. 결과적으로 그 소년은 원래세계로의 복귀가 거의 불가능하게 될 수도 있습니다. 낙인의 효과가 눈덩이처럼 점점 더 커지고 구체화된 것입니다.

5) 그렇다면 전과자라고 낙인찍는 것에 보다 신중할 필요가 있겠네요?

네, 좋은 지적이십니다. 이런 가능성과 위험에 대해 오랫동안 연구되어 왔습니다. 예로 든 그 소년이 이와 같은 사회의 반응을 애당초에 받지 않았더라면, 원래의 과오에도 불구하고 범죄 세계에 빠지지 않았을지 모릅니다. 우연히 혹은 설명할 수 없는 이유로 악의 없이 범한 과오가 사법행정기관에 의하여 적발되는 경우가 있습니다. 이런 행위가 비행 내지는 범죄로 간주되었을 경우에도 전과자 혹은 일탈자라는 낙인을 찍는데 보다 신중할 필요가 있습니다.

Three Strike Out(삼진아웃제도)는 유사한 범법 행위나 일탈 행위에 대해 세 번까지는 최대한 아량을 베풀고 관대하게 처분하는 것입니다. 이것은 낙인의 위험을 피하려는 방안일 수 있습니다. 그러나 그 이상 반복되면 개인에게 가해지는 부정적인 후유증보다 사회 대다수의 공익을 우선시 할 수 밖 에 없습니다. 삼진으로 아웃시키는 것이지요.

6) 낙인의 부정적인 효과를 극복할 수 있는 기본적인 원칙 같은 것이 있을까요?

일단 고정관념(stereotype)과 편견(prejudice)을 구분할 필요가 있습니다. 고정관념은 어떤 사물이나 사람에 대해 갖는 일종의 인지 세트입니다. 따라서 고정 관념을 가지고 있지 않은 사람은 없습니다. 복잡하고 변화하는 환경에서 막대한 정보를 처리하기 위해서는 나름대로의 대응공식을 가져야합니다. 따라서 고정관념은 어쩔 수 없는 것이며 생존에도 도움이 되는 기제입니다.

이에 비해 편견은 고정관념에 호/불호 즉, “좋다” 혹은 “나쁘다” 라는 감정적인 판단을 추가한 것입니다. 따라서 낙인은 대표적인 편견입니다. 편견이나 낙인을 없애기 위해서는 기본적으로 빈번한 접촉이 있어야 합니다. 반복적으로 그 대상자를 만나고 그에 대한 정보를 획득하는 것이 필수적입니다. 정신분열증에서 회복된 사례를 읽었던 사람들은 실제 정신분열증 환자의 미래와 예후에 대해 긍정적이고 낙관적으로 평가하였으며, 위험성도 낮게 지각합니다(Penn et al., 1999).

대중매체의 노력도 필요합니다. 낙인찍힌 사람들에게 대한 부정적인 부분만을 보여주는 게 아니라 긍정적인 부분도 선별하여 알려주어야 합니다. 정신 질환자나 범법자에 대한 사실적인 정보제공이나 인간적인 고통을 반복적으로 상기시키는 것은 편견과 낙인의 효과를 최소화하는 기본 원칙입니다.

24. 도움의 원칙 - 주변인 효과와 이타성

1) 도와준다는 것은 소위 말하는 친사회적 행동(prosocial behavior)일 텐데요, 사람들은 어떤 상황에서 누구를 도와주나요?

네, 오늘 말씀드릴 주제는 실제 미국에서 있었던 비극적인 사건과 관련되어 있습니다. 1964년에 있었던 일인데요. 키티 제노비스라는 여성이 맨해튼 한복판에 있는 한 아파트 단지에서 칼을 든 한 사내에게 강도를 당했습니다. 아파트 시민 38명이 비명을 지르며 저항하는 그 여성을 목격하였습니다. 아파트의 불이 켜지고 사람들이 목격하는 것을 느낀 범인이 두 번이나 도망을 쳤습니다. 그러나 아무런 기척이 없는 것을 알고는 다시 돌아와서 그 여인을 계속 칼로 찔렀습니다. 이 끔찍한 테러는 35 분 동안이나 계속되었습니다. 35분이 지난 후 그 중 1명이 경찰에 신고했고 경찰은 불과 2분 만에 현장에 도착했습니다. 제노비스는 결국 사망했습니다. 사람들은 이러한 폭력행위를 보고도 신고조차 하지 않은 수많은 이웃들의 무관심과 냉정한 모습에 망연자실했습니다. 이 사건을 계기로 미국에서는 인간 본성에 대한 근본적인 회의감이 만연했습니다. 대도시 생활에서 야기되는 소외현상이나 단절감 때문이라는 설명도 제시되었습니다.

2) 논의의 초점은 왜 범인이 그 여자를 찔렀는가가 아니라 도대체 왜 그 많은 사람들이 그 장면을 목격하고도 신고하지 않았는가 하는 것이었군요?

그렇습니다. 많은 심리학자들은 우선 이러한 행위들이 발생한 심리적인 원인과 상황적인 조건들에 주목했습니다. J. 달리(1970)등은 '주변인 개입(bystander intervention)'의 실험을 통해 조난 상황에서 낯선 사람들을 도와주는 조건들을 입증한 바 있습니다. 이 실험의 참가자들은 남자 대학생이었습니다. 각 학생들은 옆방에 있는 한 명 또는 그 이상의 학생들과 인터콤을 통해 대화를 나누고 있었습니다. 집단 1은 오직 한사람과 이야기하고 있었고, 집단 2는 세 사람과 그리고 집단 3은 다섯 명과 동시에 이야기를 나누고 있는 조건이었습니다. 각본에 따라 실험의 협조자인 상대 학생이 대화 도중에 간질 발작을 일으켰습니다. 그 학생은 숨이 막힐 것 같다면서 도움을 요청했습니다. 실험에서 알고 싶어 했던 것은 참가자가 실험자에게 긴급하다는 것을 알리는 속도였습니다. 대화 상대가 더 많이 있다고 생각할수록 그 학생의 위급상황을 더 천천히 보고하였습니다. 집단 1의 경우 평균 반응지연 시간은 1분이하였으나, 집단 3의 경우에는 3분이 훨씬 넘었습니다. 개입해서 도와주는 것은 주변인들이 몇 명 있었는가에 좌우되었습니다. 분명한 사실은 집단 내에 사람 수가 증가할수록 긴급 상황에서 도움을 주어야 하는 개인적 책임감을 덜 느낀다는 것입니다. 집단 2와 집단 3의 피험자들은 다른 누군가가 자기 대신 그 문제를 처리해줄 것이라고 생각했습니다. 자기가 아니라도 누군가가 그 일을 할 것이라고 믿은 것이지요. 다른 사람이 존재할 때는 도와야한다는 책임감뿐만 아니라 도와주지 못한 것에 대한 잠재적 죄책감도 줄어듭니다.

3) 키티 제노비스라는 여성을 돕지 않은 이유는 너무 많은 사람들이 목격했기 때문이군요.(그렇습니다 "책임감의 분산(diffusion of responsibility)"이 일어난 것입니다). **책임감만 크게 느끼면 모든 사람들이 다 도와주나요?**

사람의 수가 적다고 반드시 도와주는 것은 물론 아닙니다. 주변 사람들이 도와주기 위해서는 몇 가지 조건이 충족되어야 합니다. 첫째, 주변인이 응급 상황에 주목해야 합니다. 예를 들어, 출근길 또는 약속을 지키러가는 도중에는 그 생각에 몰두하기 때문에 자기가 도울 수 있는 상황에 주목하지 못할 수 있습니다. 상황이 얼마나 심각한지 판단하려면 어느 정도의 시간이 필요합니다. 그러나 서둘러야 하는 시간적 압력이 있을 때는 충분한 주의를 기울이기 어렵습니다. 즉, 주변사람들이 도와주기 위해서는 상황판단에 필요한 최소한의 시간이 있어야 합니다. 그래야 그 상황에 주목할 수 있습니다.

둘째, 주변인은 그 상태를 도움이 절실하게 요구되는 응급상황으로 해석해야 합니다. 실제로 어떤 상황인지 해석하기 어려운 경우가 많습니다. 예를 들어, 만약 당신이 길을 걷고 있습니다. 그런데 앞에 있던 봉고차에서 한 남자가 내리더니 길 가던 여자를 억지로 차안으로 끌고 가려고 합니다. 그 여자가 소리를 지르면서 끌려가지 않으려고 안간힘을 쓰고 있다고 가정해 봅시다. 당신은 이것이 응급상황인지를 먼저 파악해야 합니다. 인신매매당하는 것이면 긴급 상황입니다. 이때는 도와주는 것이 당연합니다. 그러나 혹시라도 저 여자가 자식들을 버리고 가출한 아내였다면 상황은 달라집니다. 남편이 집으로 데려가려는 상황일 수 도 있습니다. 그런데 개입한다면 남의 가정생활에 주제넘게 나서는 실없는 사람이 될 수도 있습니다. 졸지에 바보가 될지도 모릅니다. 여러분이라면 가던 길을 멈추고 그들의 행동을 유심히 관찰하면서 맥락을 열심히 해석하시겠습니까? 이런 일을 하는 것은 고사하고 보는 것만도 일종의 스트레스입니다. 굳이 이런 일을 해야 할 의무도 못 느낄 수 있습니다. 그래서 실제로는 도움이 필요한 긴급한 상황임에도 불구하고 이를 간과할 수 있습니다. 이런 이유 때문에 도와주지 않았다고 해서 인간성이 나쁘고 무책임한 사람이라고 단정해서는 안 됩니다.

셋째, 주변인이 개입하기 위해서는 책임감을 느낄만한 최소한의 압력을 받아야 만합니다. 도움이 필요한 사람은 구체적으로 사람을 지적하는 것이 좋습니다. 노골적으로 도움을 요청하는 것이 효과적입니다. 심리학자인 모리아트리(1975)는 절도 상황을 조작하면서 이 가설을 입증하였습니다. 실험자는 주변에 있는 사람에게 "시간이 있습니까?" 라고 추상적으로 물었습니다. 그리고 다른 주변인에게는 " 자리를 비울 동안 제 가방을 봐줄 수 있습니까?" 라고 구체적으로 부탁하였습니다. 책임감을 부여한 것이지요. 이 조건들에서 어떤 사람이 그 가방을 훔쳐가는 상황을 연출하였습니다. 추상적인 개입조건에서 주변 사람은 개인적인 책임감을 거의 느끼지 못했습니다. 그 사람은 쳐다보면서도 멍하게 팔짱을 끼고 서 있었습니다. 그러나 가방을 지켜주겠다고 동의한 거의 모든 사람들은 적극적으로 이 상황에 개입하였습니다. 그들은 많은 사람들에게 도움을 요청했고, 범인이 도망치지 못하게 막기까지 했습니다.

4) 주변사람이 그 상황에 주목해야 하고, 도움이 필요한 상황이라고 해석해야 하며, 책임감의 압력을 받아야만 도와주는군요. (그렇습니다). **이 모든 조건 중 하나라도 충족되지 않으면 도와주기가 쉽지 않겠네요.** (아마 그럴 것입니다). **도와주고 싶어 하는 것도 인간의 본성 아닐까요?**

공격성(aggression)과 이타성(altruism)은 인간의 본성입니다. 어떤 것이 더 중요하고 강력한가 하는 문제는 아주 오래된 논쟁거리입니다. 사실 지금까지는 공격성을 더 강조해왔습니다. 그러나 최근에는 이타성에 관한 진화심리학적 해석이 주목받고 있습니다. 진화론적 관점에서는 자신의 유전자를 전달하고 재생산하는 것이 가장 중요한 목표입니다. 따라서 어떤 사람이 가족에 대한 이타적 행동을 했다면 자신의 목숨은 버리더라도 유전자를 공유한 가족 전체의 생존을 도운 것입니다. 결과적으로는 아주 효과적인 전략을 쓴 셈이지요. 예를 들어, 혈연관계가 다른 세 사람이 한 집에서 자고 있는데 불이 났다고 가정해봅시다. 생사가 위급한 상황이지요. 이 경우에 누구를 구하겠는가 하는 질문을 해보십시오. 거의 모든 문화권의 피험자들이 혈연관계가 가까운 사람을 먼저 구출하겠다고 응답합니다. 심각하지 않은 일상생활에서 이타성이 드러날 때는 혈연관계의 영향이 그리 크지 않습니다. 그러나 생존과 번식이라는 진화적 조건에 직면할 때는 냉정하고 계산적으로 변합니다. 결국 이타성도 진화에 적합한 인간의 본성인 것입니다.

5) 혈연관계를 초월해서 다른 사람들을 도와주는 이타적이고 박애적인 사람들도 있잖아요?

물론 그런 분들도 있겠지요. 이 사람들의 의도를 의심할 생각은 없습니다. 그러나 상호 이타성(reciprocal altruism)이라는 개념을 먼저 설명할 필요가 있습니다. 사람들이 이타적인 행동을 하는 이유는 다른 사람들도 언젠가는 자신을 도와줄 것이라고 기대하기 때문입니다. 사람들은 누군가가 자기에게 호의를 베풀면 그 호의를 갚을 때까지 심리적으로 계속 불편합니다. 이러한 감정을 느끼는 것은 서로의 생존 가능성을 높인다는 점에서 진화적 가치가 있습니다. 이러한 상호 이타성은 박쥐나 침팬지 같은 사회적

동물의 행동에서도 발견되었습니다(Matheson & Bernstein, 2000).

이타성이 진화에 적합한 특성이라는 것은 성 선택 과정에서도 확인됩니다. 여성들은 자식의 양육에 도움이 되는 남자를 선택합니다. 자원을 적극적으로 제공하고 헌신하는 남자가 선호될 수 밖에 없습니다. 여성은 임신으로 인한 너무 투자가 크기 때문에 헌신적이고 이타적인 행동을 하는 남자를 선택하는 것이 유리합니다. 그래야 자신과 자녀가 생존할 수 있습니다. 여성은 따뜻하게 배려하는 남성이 보다 좋은 아버지가 될 것이라고 확신하는 경향이 있습니다. 남자도 자녀에게 자상하고 헌신적인 여성을 선택할 가능성이 높습니다. 자신의 유전자를 소유한 자식을 더 잘 돌보기 위해서는 이타적인 여성이 필요합니다. 따라서 남녀 모두 이타적인 특성을 가진 상대를 선호했을 것입니다. 이타성은 번식이라는 측면에서도 인간에게 적합한 특성으로 자리 잡은 것입니다.

이타성은 오랜 진화로 형성된 인간의 본성입니다. 그런 관점에서 본다면 키티 제노비스 사건은 이타성이나 친사회적 행동들이 발휘되기 어려운 조건 때문에 일어난 것입니다. 따라서 인간이 원래 냉정하고 무관심한 존재여서 그런 사건이 생겼다고 단정하면 안 됩니다.

25. 우정의 숨은 속셈 - 호혜적 이타성

1) 우정이나 친구라는 단어를 떠올리면 든든하고 기분이 좋아지잖아요. 심리학적으로는 우정을 어떻게 설명하나요?

'우정'을 어떻게 정의하느냐에 따라 대답이 조금 달라집니다. 기본적으로 우정은 협동이나 이타성이라는 진화적 관점에서 설명할 수 있습니다. 즉, 지금 내가 다소 손해를 보더라도 미래에 언젠가는 보답이 따른다는 확신이 클 때 우정을 지속시킨다는 설명입니다. 호혜적 교환에 대한 확신 혹은 기대가 우정이라는 감정을 진화시킨 것입니다. 이 관점에서는 진화를 위한 장기적인 투자인 셈이지요. 만약 그것이 사실이라면 친구를 위해 투자한 시간과 노력 그리고 에너지를 되돌려 받기 어렵다고 확신이드는 사람이 먼저 우정을 깰 것이고, 상대적으로 유무형의 이익을 더 많이 보고 있다고 느끼는 사람이 그 우정을 계속 지속시키려 할 것입니다. 조금 거북하게 들릴지 모르겠지만 우정은 냉정하게 계산된 감정일 수 있습니다.

2) 진화 심리학적으로 볼 때 우정도 이기적이고 계산적인 감정이군요. 하지만 친구가 미래에 이익을 줄지, 계속 손해만 입힐지는 모르잖아요. 살다보면 별 도움이 안 될 것 같은 친구가 큰 도움을 주는 경우도 있고요.

물론입니다. 인간관계를 단정하거나 확신하는 것은 정말 섣부른 행동입니다. 말씀하신대로 싫어하고 도움이 될 것 같지 않았던 친구가 결정적인 순간에 의외로 도움을 주는 경우도 있고 완전히 관계를 끊어버리기에는 혹시나 하는 생각이 들지만, 그렇다고 계속 친구로 두기에는 손해를 본다는 느낌이 들 수도 있겠지요. 이것을 '은행가의 역설(banker's paradox)'이라는 개념으로 설명할 수 있습니다. 은행가는 딜레마가 있습니다. 돈이 많고 신용도 높은 사람들은 은행에서 돈을 빌리려하지 않고, 절박하게 돈을 빌리려는 사람은 신용이 낮은 사람일 가능성이 높지요. 은행가의 입장에서는 돈을 빌리려하지 않는 부자들에게 돈을 빌려주는 것이 되돌려 받을 수 있는 가장 안전한 선택이지만, 정작 돈을 빌리려는 사람은 갚지 못할 가능성이 높은 대상입니다. 이 개념을 적용한다면 내가 가진 자원과 에너지를 투자하고 싶은 친구는 그만큼 경쟁력이 있고 똑똑하거나 매력 있는 대상이지만 아쉬울 것이 없는 친구여서 내가 주는 관심과 투자가 별로 필요 없는 친구일 수 있습니다. 반면에 내 도움을 절실히 필요로 하는 친구는 위기에 처해있는 상태입니다. 게다가 이런 일이 자주 있는 사람이라면 그 친구를 둘러싼 여러 가지 상황이 여의치 않은 것입니다. 나아질 기미가 없는 그 친구를 위해 계속 신경쓰고 유무형의 투자를 해보아야 다시 돌려받는다는 확신이 없습니다. 물론 그 친구가 나중에 크게 도움이 될 수도 있습니다. 사람의 일이란 것은 모르니까요. 결국 은행가처럼 우리도 친구관계를 계속 유지할지 여부를 추론과 확률로 결정하는 것인지도 모릅니다.

3) 역설적으로 보면 진정한 친구란 다급할 때 믿을 수 있는 사람이군요.

그렇습니다. 시절이 좋을 때는 친구가 많습니다. 우리는 잘나가는 사람 주변에 친구로 자처하는 사람들이 넘쳐나는 것을 쉽게 볼 수 있습니다. 그러나 어려움에 처했을 때 진정한 친구를 찾는 것은 쉽지 않습니다. 평소에 친구인 척하다가 결정적인 순간에 도움을 거부하는 사람은 친구를 투자 대 이익의 관점으로 대하는 사람입니다. 이 때문에 그런 친구들을 투자 대 이익의 관점으로 대하지 않으면 결과적으로 우리 자신도 크게 손해를 볼 수 있습니다. 이러한 손해가 누적되는 사람은 적응적인 관점에서 볼 때 대단히 불리합니다. 그러나 문제는 시절이 좋을 때만 옆에 있고 다급할 때는 믿을 수 없는 친구도 평상시에는 진실한 친구와 비슷하게 행동한다는 것입니다. 이것을 가려내는 것은 진화적인 가치가 크기 때문에 세상을 살아가면서 반드시 해결해야할 숙제입니다.

말씀드린 대로 우정의 진실성을 검증하는 최고의 방법은 절박할 때 도움을 받는 것입니다. 그러나 진짜 친구인지 확인하기 위해 일부러 도움이 절박하다고 연기할 수도 없는 노릇이고, 또 실제로 너무 자주 절박하게 도움을 요청한다면 자신이 경쟁력이 없는 사람이라는 뜻이니 그나마 도와주던 좋은 친구도 자신을 멀리할 가능성이 있습니다. 어쩌면 사람들이 자신이 위기에 처해 있다는 것을 가까운 사람에게도 감추는 것은 바로 이러한 이유 때문일지도 모릅니다. 그래서 사람들은 약해 보일까봐 위기에 처한 자신의 모습을 숨기고는 정작 어려울 때 도움을 주는 친구가 없다고 불평하곤 합니다. 아니면 친구인줄 알았던 사람이 진실한 친구가 아니라는 것을 확인하는 것이 두려워서 그 평가의 기회를 애써 외면하는 것일 수도 있습니다. 아마 현대인들이 느끼는 외로움과 소외감은 내가 아는 친구가 진짜 친구가 아닐지도 모른다는 막연한 불안감 때문인지도 모릅니다.

4) 이성 간의 우정은 어떤가요? 이성의 친구관계는 동성의 친구관계와 조금 다르지 않을까요?

우선 '남자와 여자가 과연 친구가 될 수 있을까'하는 고전적인 의문부터 생각해볼 필요가 있습니다. 영화 「해리가 샐리를 만났을 때(When Harry met Sally)」에서 보면 남자는 남녀 간에 친구가 될 수 없다고 확신하고, 여자는 가능하다고 맞섭니다.
친구인지 애인인지도 잘 깨닫지 못하는 이 철없는 주인공들은 20여 년 동안 이 애매한 관계를 유지하다가 결국 자신들의 관계가 우정이 아닌 사랑이라고 느낍니다. 남녀 간의 우정은 '사랑의 잠재적인 형태'라는 결론과 함께 둘은 결혼합니다.
지금도 남녀 간에 과연 친구가 될 수 있을까라는 질문을 하면 사람들은 기다렸다는 듯이 한마디씩 합니다. 나름대로 전문가적인 식견이 있는 것으로 보아 대부분의 사람들이 한번쯤 관심을 갖고 고민한 주제인 듯합니다. 남녀 간의 우정이 가능하다고 흥분하는 분도 있고, 코웃음을 치면서 알듯 말듯 한 미소를 짓는 분도 있을 것이고요. 친구는 생존과 적응에 도움이 되는 잠재적 가치가 있어야 합니다. 이것은 이성 간의 친구관계에서도 그대로 적용되는 원칙입니다.

5) 진화적 관점을 적용하더라도 남자와 여자의 적응방식이 다르기 때문에 이성간의 우정 형태도 차이가 있을 것 같은데요.

그렇습니다. 기본적으로 이성 간의 우정은 동성 간의 우정에는 없는 잠재적인 이점이 있습니다. 이에 관한 블세크와 버스(Blseke & Buss, 2001)의 첫번째 가설은 남성이 여성 친구에게 느끼는 감정과 여성이 남성 친구에게 느끼는 감정이 다르다는 것입니다. 남성은 여성 친구에게 성적 매력을 느끼는 경우가 훨씬 더 많았습니다. 진화적 입장에서 보면 남성은 번식 능력이 무한하기 때문에 되도록이면 많은 여성과 성적 관계를 맺는 것이 유리한 전략이었습니다. 남자들은 여자 친구들도 그 범위와 대상에 분명히 포함시키는 것 같습니다. 다양한 문화권을 대상으로 한 많은 연구들에서 남성들은 가까운 여성 친구를 성적인 접근 가능성이 있는 잠재적 대상으로 생각하는 경향이 일관되게 확인되었습니다.

일반적으로 남자보다는 여자가 이성 간의 우정이 실제로 가능하다고 생각하는 경향이 훨씬 더 많습니다. 정확하게 말하면 그렇게 믿고 싶어 하는 것 같습니다. 사랑에는 성적인 관계가 따르기 쉽습니다. 성적인 행동에는 위험 부담이 따르지만 성적인 행동 없이 남자친구로부터 관심과 보호를 받는다면 여자로서는 불리할 것이 없습니다. 실제 연구에서 보면 여자들은 자신의 남자친구가 성적인 행동을 하기를 바라지 않으면서 자신을 보호하고 도와주며 관심을 가져주기를 기대합니다. 남성과는 달리 여성은 이성 친구가 대단히 낭만적인 사람이기를 바라는 것이지요.
이성 친구는 이성에 대한 정보를 제공하는 중요한 근원이기 때문에 정보적인 가치도 있습니다. 짝을 고르는데 있어서 단기적 혹은 장기적으로 중요하게 생각하는 가치를 이성 친구를 관찰하면서 학습할 수 있습니다. 실제로 남성이나 여성 모두 이성에 관한 정보를 동성 친구보다 이성 친구에게서 더 많이 얻었고 또 유용했다고 말합니다.

남성과 여성 모두 동성 친구 사이에는 이득도 있지만 경쟁이라는 피해가 존재할 수 있습니다. 특히 동성의 친구는 관심사나 성격, 이성에 대한 선호도가 비슷할 가능성이 있습니다. 친구는 여러모로 유사한 사람끼리 만나거든요. 그래서 배우자를 선택하는데도 유사한 이성상대를 고를 수 있고 이로 인해 경쟁관계가 될 가능성도 있습니다. 실제로 동성 친구들 사이에서 한 이성 상대를 두고 경쟁관계가 된 적이 있었다고 보고하는 사람들이 많습니다. 특히 여성보다도 남성이 동성의 친구를 이성에 대한 경쟁상대로 생각하는 경향이 더 많았습니다. '경쟁'은 우정의 그림자인 셈입니다.

결국 동성의 친구나 이성의 친구가 되기 위해서는 진화적인 관점에서 볼 때 최소한 서로 잠재적인 유용성이 있어야 합니다.

그래서 친구가 없는 사람이라는 평가는 여러모로 시사하는 바가 큽니다. 아무도 친구하고 싶어 하지 않을 만큼 경쟁력이 없다는 의미일 수 있거든요. 아니면 어떤 친구의 도움도 필요하지 않을 만큼 독자적인 생존능력이 있는 사람일 수도 있습니다. 그것도 아니라면 친구를 투자 대 이익으로 생각하는데 염증을 느낀 스스로가 가까운 사람들을 경계하고 일부로 멀리하는 것인지도 모르지요.

26. 인간됨의 조건 - 복수심

1) 대부분의 사람들은 복수심을 드러내려고 하지 않고 들키는 것도 꺼려하지 않나요?

그렇습니다. 오랫동안 복수심은 비정상적인 감정 상태라고 정의되어 왔습니다. 복수는 심리적, 도덕적, 육체적으로 복수를 하려는 사람이나 복수의 대상이 된 사람에게 파괴적인 영향을 줍니다. 결국 자기와 그 대상을 망가뜨리기 때문에 병균처럼 사람을 타락시킵니다. 그래서 복수는 질병의 관점에서 다루어져왔습니다. 기독교뿐만 아니라 다양한 종교에서 '용서'가 선한 행동임을 강조하기 때문에 이런 문화적인 전통이 복수에 대한 부정적인 인식을 유지하게 한 원인일 수 있습니다. 심리학이나 정신의학에서도 복수심은 고통받는 사람의 내면에서 무엇인가 실패한 증거로 간주되어 왔습니다. 사람들은 다른 사람들에게 옹졸하고 비열하며 부도덕하게 보이는 것을 두려워합니다. 그래서 복수심을 감추고 아닌 척하지요.

2) 복수가 질병이라는 주장은 지나친 주장이 아닐까요? 공격성 같은 특성도 인간의 본성이고 분명히 진화적 가치가 있잖아요.

물론입니다. 분명히 복수도 적응적인 가치가 있습니다. 기본 적으로 복수는 공격자들의 두 번째 공격을 좌절시키는 효과가 있습니다. 이에 관한 실험이 있는데요. 사회심리학자인 디아몬드(Diamond, 1977)는 남자 대학생들에게 에세이를 쓰게 한 후 그것을 다른 사람(연구자가 고용한 조교)에게 평가받도록 했습니다. 에세이의 평가는 실제 수준에 관계없이 모든 참가자들이 모욕적인 평가를 받도록 되어 있었습니다. 24시간 뒤, 참가자들은 실험실로 돌아와 전날 자기 에세이에 모욕적인 평가를 한 바로 그 사람에게 다양한 강도의 충격을 줄 수 있는 기회를 얻었습니다. 실제로는 어떤 충격도 전달되지는 않았지만 참가자들은 충격이 전달된다고 믿었습니다. 디아몬드는 모욕을 받은 참가자들이 분노를 느꼈기 때문에 앙심을 품고 충격을 줄 것이라고 예상했습니다. 충격 실험을 하기 전에 참가자들 절반에게는 나중에 역할을 바꾸어 실험할 것이라고 말했고, 나머지 참가자들에게는 아무 말도 하지 않았습니다. 실험 결과 보복의 위험이 없는 상태에서 자신을 모욕한 평가자에게 충격을 줄 수 있다고 믿은 참가자들은 보복당할 위협을 인식한 참가자들보다 더 강한 충격을 주었습니다. 이처럼 보복에 대한 두려움은 공격을 단념시키는 효과가 있습니다. 나를 공격하면 되갚아줄 것이라고 상대에게 인식시키는 것은 함부로 자신을 공격하지 못하게 하는 수단이 됩니다.

3. 피해를 당하고도 복수하지 않는 사람은 만만한 사람이라는 인식을 심어주어 다른 사람에게 이용당할 가능성이 높겠군요?

그렇습니다. 사회심리학자들은 실험을 통해, 제삼자가 두 당사자 사이의 도발을 증언할 때, 희생자가 자신을 도발한 사람에게 더 강력히 복수한다는 사실을 입증했습니다. 특히, 제삼자가 학대로 고통 당한 희생자를 약자로 인식했다는 사실을 희생자에게 알리거나, 혹은 희생자가 생각하기에 자신이 불공정한 대우를 받고 있음을 구경꾼들이 알고 있다고 생각할 때 복수의 강도가 더 높았습니다. 즉, 구경꾼들이 보고 있는 경우처럼, 자신이 피해를 입을 만큼 하찮은 사람이라고 인식되는 상황에서는 상당한 대가를 치러야 할지라도 적극적으로 복수함으로써 실추된 명예와 평판을 회복하려고 합니다. 하다못해 길에서 두 남자가 논쟁을 벌이고 있는 상황에서 단지 제삼자가 출현했다는 사실만으로도 그 말다툼이 주먹다짐으로 번질 가능성은 두 배로 높아집니다. 소규모 집단으로 모여 살던 우리 조상들은 집단 내의 평판이 부정적일 경우, 추방되거나 서열이 낮아지는 상황을 오랫동안 경험해왔습니다. 복수함으로써 평판을 지키려하는 경향 역시 진화적으로 도움이 되었습니다.

4. 복수는 진화된 인간의 특성으로 적응적 기능이 있는 거군요. 그렇다면 다른 사람이 애써 일한 결과를 아무런 노력을 들이지 않고도 이용하는 사람들에게 협력을 강요하거나 압력으로 활용할 수도 있겠군요.

아주 좋은 지적입니다. 이것이 무임승차문제(free rider problem)인데요. 무임승차의 특성을 보이는 사람들은 집단 구성원들에게 기생하면서 효과적으로 생존하는 것 같지만 전체 구성원들의 입장에서는 포괄적인 이익을 해치는 이기적인 존재입니다. 상습적으로 거저먹는 무임승차자를 방치한다면 누구나 그런 행동의 유혹을 받을 것이고 결국 집단 전체의 생산성이 저하될 것입니다.
처벌을 통해 무임승차자를 막고 집단의 성과를 높일 수 있다는 심리학자 페(Fehr, 2002) 등의 실험이 있습니다. 연구자는 한 집단을 네 명으로 구성했습니다. 그리고 전체 참가자들의 절반에게는 회 차마다 공동 계좌에 금전적인 기여를 하지 않는 구성원들을 처벌할 권한을 주었습니다. 만약 당신이 무임승차를 했다고 판단되는 구성원을 처벌하려면 당신은 그 사람에게 3달러를 내라는 '처벌'을 할 수가 있었습니다. 그러나 무임승차자를 처벌하기 위해서는 처벌하려는 사람도 1달러의 비용을 지불해야 합니다. 비용을 지불하는 이유는 처벌자 자신도 추후에 잠재적으로 앙갚음의 가능성이 있다는 점을 비용으로 환산한 것입니다. 나머지 절반의 집단에게는 무임승차자를 처벌할 수 있는 권한을 주지 않았습니다. 실험 결과 공동 계좌의 기여금에 무임승차한 사람을 처벌하는 힘의 효과는 놀라웠습니다. 무임승차자를 처벌할 수 있는 집단에 속한 개인들은 개인 계좌에서 상당한 비율을 공동 계좌에 넣었고, 기부금 규모는 새로운 회차가 시작될 때마다 증가하였습니다. 마지막에는 무임승차자를 처벌할 수 있는 집단의 참가자 중 약 40%가 게임이 진행되는 동안 개인 계좌의 전액을 공동 계좌로 옮겼습니다. 이와 대조적으로 무임승차자들을 처벌하지 못하는 집단에서는 회 차마다 기부금이 감소했습니다.

결국 이기적인 집단 내 구성원을 처벌하고 본때를 보여주려 는 복수의 마음은 집단의 생산성을 전반적으로 증가시키기 때문에 사회적으로도 진화적인 가치가 있었던 것입니다.

5. 자살하려는 생각과 자살을 실행에 옮기는 것이 다른 것처럼, 기본적으로 복수심과 복수 행동은 별개 아닐까요?

그렇습니다. 기본적으로 인간은 자신을 좌절시키거나 분노를 주는 대상에게 복수하려는 욕구를 가집니다. 그러나 보고에 따르면 그중 3분의 1에 해당하는 사람들만이 어떤 방식으로든 자신의 복수심을 행동으로 옮깁니다. 사람들은 저마다 어느 정도 피해를 입어야 복수를 실행한다는 일종의 내적 기준이 있는 듯합니다. 복수를 생각만 하는 것은 피해가 그 기준에 미치지 못했기 때문입니다. 아니면 복수를 해야 할 대상자가 너무 강자여서 복수할 경우 오히려 자신이 더 크게 당할지도 모른다는 두려움 때문일지도 모르지요.

한국인의 문화 관련증후군으로 화병이라는 것이 있습니다.

피해 당사자가 욕구좌절과 분노, 적개심, 복수심, 원한 같은 강력한 감정을 경험하지만 그러한 감정의 직접적이며 대상지향적인 표출은 사회로부터 용인되지 않는 경우가 있습니다. 게다가 복수를 시도할 때 복수 상대로부터 보복의 위험을 느낀 경우엔 오히려 자신의 감정을 억누르거나 억제해야 될 수도 있습니다.

그 상태에서 분노는 슬픔으로, 욕구좌절은 무력감으로, 복수심은 자기 증오로 전환됩니다. 즉, 복수심을 기초로 하는 원(怨)의 마음과 체념의 심정인 한(恨)이 교대로 나타나면서 마음에 불이난 상태 즉, 화(火)병이 발생하는 것입니다. 사실 우리나라 사람들이 많이 경험하는 화병은 피해를 입어도 복수할 수 없다는 생각 때문에 나타나는 증상일 수도 있습니다. 복수를 하지 못할 정도의 약자라는 생각은 뼈에 사무칠 정도로 억울할 것입니다.

집단에서의 평판이 저하되고 또다시 함부로 취급받을 수 있다는 두려움도 느낄 것이고요. 그럼에도 불구하고 어쩔 수 없다는 심정이 바로 마음의 병을 만든 것입니다.

27. 더 높은 곳을 향하여 - 용서

1) 복수가 인간의 적응에 도움이 된다고 볼 때, 반대 개념인 용서의 심리 상태가 궁금합니다. 용서는 전통적으로 종교에서 강조한 개념인데요.

맞습니다. 그러나 용서는 최근에 긍정심리학(positive psychology) 분야에서 더 자주 연구되는 인기 주제입니다. 긍정심리학은 지금까지의 심리학과는 달리 질병이나 부적응적 심리상태에 초점을 맞추지 않습니다. 긍정심리학자들은 행복, 지혜, 유머, 사랑, 용서, 감사 등 전통적으로 심리학 분야에서 무시해왔고 또 접근하기 어려웠던 주제를 다양한 방식으로 연구하고 있습니다. 결론부터 말씀드리면 복수(revenge)가 인간의 적응에 도움이 되었듯이 용서(forgiveness) 역시 인간의 생존에 도움이 되는 적응기제입니다. 용서는 복수의 반대개념이 아니라 복수에서 더 발전된 개념이라고 보아야 합니다. 복수가 생존의 힘이었다면 용서는 인간을 보다 업그레이드시키고 효율성 있게 적응시키는 발전동력입니다.

2) 용서는 복수의 반대가 아닌, 더 잘 적응하기 위해 진화적으로 개발된 개념이라는 말씀이시군요?

정확한 지적입니다. 죄수의 딜레마 게임이라는 것이 있는데요.

이 게임은 두 명의 용의자가 서로 못 믿고 먼저 배신해야 자기가 유리한 형량을 받는 게임입니다. 대부분의 사람들은 결과적으로는 모두에게 손해가 되지만 서로 배신하는 선택을 합니다. 인간의 이기적인 속성을 언급할 때 자주 인용되는 개념이지요. 그러나 이러한 이기심이 오랜 세월을 지나면서 결국은 공공의 선과 호혜적인 합리성으로 발전한다는 증거가 있습니다. 심리학자들은 같은 수의 이기적인 사람과 이타적인 사람이 상호작용하면서 어떤 식으로 진화하는가를 실험으로 입증하였습니다. 죄수의 딜레마 게임을 무한히 반복했을 때 나타나는 현상을 수학적으로 시뮬레이션 한 것입니다. 처음에는 이기적인 인간들이 거의 80%가량으로 늘어났습니다. 이기적인 배신 행동이 유리하게 작용한 것이지요. 실험 결과 처음에는 이기적인 사람들이 이타적인 사람들을 누르면서 승승장구했습니다. 그 결과 이타적인 인간들도 점차 이기적으로 변해야만 살아남는다고 생각합니다. 그러나 몇몇 남아 있던 이타적인 사람들끼리 게임을 하면서 점수를 더 많이 얻는 일이 생겼습니다. 믿고 양보하면 아주 크게 유리할 수 있음을 알게 된 것이지요. 이기적인 사람들끼리는 서로 배신해야 하는데 그나마 살아남은 사람도 서로 믿고 협동한 사람들보다는 이익이 더 적었습니다. 그래서 장기적으로는 이기적인 사람이 결국 도태되는 결과가 초래되었습니다. 컴퓨터 시뮬레이션 결과 시간이 지나면서 이타적인 인간이 늘어나는 현상이 분명히 확인되었습니다. 이타적인 사람들이 60% 이상을 차지할 정도까지 늘어났습니다. 인간들은 단기적으로는 이기성이 이득이 되지만 장기적으로는 호혜성과 이타성이 실질적으로 더 유리하다는 것을 알고, 적극적으로 개발한 것입니다. 이러한 해석은 공격성에서 이타성과 사회성의 특질을 진화시켰다는 인류학자들의 주장과도 일치하는 관점입니다.

복수와 용서와의 관계도 이와 동일합니다. 인간은 자신의 생존에 도움이 되는 방식으로, 상황에 따라 복수와 용서를 적절하고 효율적으로 사용합니다. 용서가 복수보다 더 효율적인 전략이라는 것을 인식하면서 용서라는 특성이 진화된 것입니다. 그래서 복수와 용서는 대립되는 요인이 아니라 진화의 관점에서 볼 때, 복수에서 용서로 발전하는 단일 요인입니다.

3) 용서하는 것이 복수하는 것보다 항상 더 적응적일 것 같지는 않습니다. 피해자는 가해자의 태도와 행동에 따라 복수와 용서를 적절히 선택하는 것이 더 유리할 것 같은데요.

맞습니다. 용서가 복수보다 더 효율적인 진화 전략이기 위해서는 여러 가지 조건이 필요합니다. 먼저 가해자가 뉘우치고 화해를 신청해야 합니다. 이 행동들을 보고 희생자가 용서하는 것입니다. 당연히 가해자의 태도가 아주 중요합니다. 용서를 받을 수 있는 가해자의 기본적인 태도는 진심어린 사과입니다. '진심으로 미안'하다고 판단할 만한 진술이 있어야 하는데 이 사과에는 다섯 가지 조건이 필요합니다. 첫째, 책임에 대한 명확한 인정이 있어야 합니다. 가해자는 자기 탓이라고 분명히 밝혀야 합니다. 둘째, 나쁜 일을 저지르게 된 이유에 대해 분명한 설명이 있어야 합니다. 셋째, 잘못을 저지른 자신을 비하하고 수치스럽게 생각해야 합니다. 넷째, 잘못과 위반을 되풀이하지 않겠다는 맹세가 있어야 하며, 마지막으로 이를 입증할만한 유, 무형의 보상을 실질적으로 지급해야 합니다. 많은 사람들이 사과할 때 유감이라고 말하는데 이것은' 당신과의 관계가 이렇게 된 것에 대해 좋지 않은 감정이 있으니 화해하고 싶다'는 의미 정도에 불과합니다. 잘못의 대상이 누구인지 분명하지 않고 책임의 인정과 재발의 방지라는 후속조치가 보장되어 있지 않은 진술인 셈이지요. 그래서 유감은 분명한 의미의 사과가 아닙니다.

당연히 그 정도의 표현으로는 용서할 수도 없고, 또 용서하기도 어렵습니다.

사람들은 가해자가 진실한 사과를 하지 않을 때는 복수하는 것이 더 바람직한 전략이라는 것을 알고 있습니다.' 눈에는 눈, 이에는 이'라는 복수 전략은 가해자들에게 나를 공격하면 되갚아줄 것이라고 인식시킴으로써 함부로 자신을 공격하지 못하게 하는 효과가 있습니다. 또 복수하지 못할 정도로 약자가 아니라는 인식을 통해 그냥 당하지는 않는다는 사실을 보여줄 필요가 있습니다. 결과적으로 스스로가 경쟁력이 있는 존재라고 느끼는 것이지요. 그래서 사람들은 복수할 때 쾌감을 느끼고 행복해 합니다. 복수는 내가 살아있다는 증거이며 생존할 수 있다는 느낌입니다. 이마저 할 수 없다면 어떻게 이 험한 세상을 살아가겠습니까?

이청준의 소설 『벌레이야기』에서 어머니는 외동딸을 죽인 살인자 때문에 극심한 고통을 겪습니다. 어머니는 종교에 귀의한 후 복수를 포기하고 용서하기로 결심합니다. 그런데 교도소를 찾아가 어렵게 용서한다는 말을 꺼내는 순간 그 살인자는 하나님이 이미 용서하셨다는 말과 함께 감격해 합니다. 핏덩이 같은 내 새끼를 잃어 버렸는데 어미가 채 용서하기도 전에 감히 누가 먼저 용서를 했단 말입니까? 복수도 포기하고 용서할 권리마저 없다면 인간으로서의 조건이 박탈당한 것입니다. 벌레는 그런 인간을 상징합니다. 결국 어머니는 자살하고 맙니다. 어머니는 살인자를 용서하지 못했으며 그 살인자를 용서한 신도 용서하지 못했습니다. 그녀는 용서하지 못하는 자기를 처벌한 것이며, 살인자에게 죄책감을 갖게 하고, 용서를 강요하는 신에게 적극적으로 복수한 것입니다. 어찌보면 자살은 그녀가 인간으로서 자신의 의지대로 할 수 있는 마지막 선택이었습니다.

대부분의 종교에서는 용서를 승화되고 고결한 정신 상태라고 설명합니다. 그리고 초월자에게 복수를 맡기거나 신앙심이나 마음의 수행을 통해 용서하라고 가르칩니다. 그러나 임상 장면에서는 강요된 용서가 순식간에 복수심으로 폭발하는 경우를 자주 확인할 수 있습니다. 심리학자들은 이것을 가짜용서의 심리상태라고 부릅니다. 신을 믿는 사람들은 갸우뚱하겠지만 진짜용서는 무조건적인 것이 아니라 가해자의 진심어린 사과가 전제됩니다. 진짜용서는 피해자에게 힘에 대한 느낌과 생존에 대한 자신감을 줍니다. 가해자가 아직도 자기를 비웃고 있는데 용서하지 못한다고 해서 신앙심이 부족한 사람이라고 단정한다면 너무 몰

인정한 처사입니다. 용서를 받고 싶으면 우선 잘못을 인정하고 진심으로 사과해야 합니다. 피해자에게 자신이 존중받았어야만 하는 사람이라고 분명히 느끼게 해 주어야 합니다. 가짜용서는 복수도 하지 못하는 피해자가 힘 있는 사람인 척 자기를 합리화하는 마음일 수 있습니다. 뻔뻔스럽게 피해자에게 가짜용서까지 기대한다면 너무 잔인한 것입니다.

4) 가해자가 진실된 사과를 할 때 피해자가 얻는 이점은 무엇인가요?

이상의 다섯 가지 조건을 충족한 이른바 '잘된 사과'는 기본적으로 피해자의 자아존중감과 존엄성을 회복시킵니다. 피해자가 받은 상처는 피해자 자신의 잘못 때문이 아니며 가해자의 명백한 잘못 때문입니다. 피해자는 자신이 이런 상처를 입을 만큼 한심스러운 약자가 아니며, 앞으로는 더 이상 동일한 피해가 발생하지 않을 것이라고 확신합니다. 가해자는 반성하는 과정에서 자신도 충분히 고통 받고 있다는 것을 전달해야 합니다. 그러면 그 자체가 피해자의 자존심을 충족시키기 때문에 강력한 복수 행동을 자제시키는 효과가 있습니다. 만약 피해를 보고도 복수할 수 없다는 것은 또 다른 피해를 계속 받을 수 있고, 자신을 생존 능력을 갖추지 못한 무기력한 존재임을 스스로 인정하는 것입니다. 가해자의 사과는 피해자 자신이 그렇지 않은 존재라는 사실을 납득시키는 첫번째 절차입니다.

5. 피해자가 용서를 하면 진화적으로 어떤 점에서 유리한가요?

절대 용서할 수 없는 사람을 떠올리라고 지시하는 실험에서 대부분의 사람들은 불안과 두려움에 관련된 스트레스 호르몬인 코르티솔 수치가 크게 증가합니다. 이때 얼굴 근육은 뻣뻣해지며, 심박 수 ,혈압, 식은 땀 등 긴장과 관련된 모든 수치가 높아집니다. 특히 후속 연구에서 우리를 괴롭혔던 가까운 사람을 용서하지 못한다고 느끼는 조건일 때는 불안과 긴장 상태가 극도로 높아지는 현상이 확인되었습니다.

케레먼스(Karremans, 2003) 등의 연구자들은 누군가를 용서하지 않았을 때 불안감을 느끼는 것은 그 사람과의 관계가 소중하고 의미있기 때문이라고 결론지었습니다. 지속적으로 상호작용을 할 가능성이 있는 대상자에게 복수하고 또 반복적으로 피해를 받을 수 있다는 생각은 호혜적으로 강화를 주고받을 수 있는 있는 대상자를 상실한다는 일종의 위협 상황입니다. 포괄적인 적응도(inclusive fitness)를 향상시키고 협력 상대와의 관계를 안정적으로 유지하는 것이 용서와 화해의' 궁극적인' 목적입니다. 용서할 수 없을 때 나타나는 긴장과 불안은 생존에 도움이 되지 않는다는 느낌 때문에 나타나는 신체적인 증후입니다.

긴장과 불안을 없애려는 자연선택의 기본 원칙 때문에 생긴 기제가 바로 용서인 셈입니다. 사람들은 용서하면서 자신이 관대하고 선하며 또 타인에게 악의가 없는 사람이라는 것을 드러내고 싶어 합니다. 복수할 수 있는 사람이 오히려 용서하는 경우 용서하는 사람의 평판은 극적으로 높아진다는 연구도 있습니다(Ohtsuki & Iwasa, 2004; 2006). 사회의 구성원들은 끊임없이 상호작용을 합니다. 장기적으로는 호혜적인 내 편을 한 사람이 라도 더 확보하는 것은 분명히 적응적인 가치가 있습니다.

6) 용서도 복수와 마찬가지로 적응과정에서 진화된 인간의 본성으로 설명하는 이론이 흥미롭군요. 용서가 적응이라면 용서하는 조건과 환경을 조성하는 것이 중요하겠네요.

좋은 지적입니다. 종교에서는 용서를 승화되고 고결한 정신 상태라고 설명합니다. 그리고 초월자에게 복수를 맡기거나 신앙심이나 마음의 수행을 통해 용서하라고 가르칩니다. 그것도 하나의 방법이 될 수 있겠지요. 그러나 용서가 인간의 진화된 본성이라면 애써 설득하기 보다는 적응과 진화라는 기제를 활용하는 것이 더 효과적일지 모릅니다.

용서를 촉진하는 환경을 만들기 위해서는 기본적으로 대인관계가 중요하고 가치 있다는 인식이 있어야 합니다. 우리는 정체성이라는 명목 하에 인종과 종교, 그리고 계층 등으로 끊임없이 우리를 범주화시킵니다. 자기가 속한 집단에 대한 충성심과 우호성이 타 집단에 대한 의심과 배척으로 이어집니다. 심리학자인 쿠르즈반(Kruzban)은 동일한 집단들의 목표가 있을 때 인종이나 종교가 결정적인 구분요소가 아니라는 것을 입증한 바 있습니다. 목표로 결합된' 우리'라는 인식은 집단 간 우정을 강화시키고 집단을 탈

범주화시킵니다.

진화 심리학자인 피터 리처슨(Peter Richerson)은 전 세계를 포괄하는 정치적, 사회적, 경제적인 이슈에 집단의 구성원들을 공동으로 몰두시킬 때 인종과 종교의 편견이 극적으로 사라지는 과정을 확인하였습니다. 전쟁과 증오라는 복수의 역사는 다른 민족이나 타 종교를 믿는 사람의 호혜적인 이용가치를 파악하지 못했기 때문입니다. 타 집단의 구성원들과 서로 접촉하고, 협력할 경우 공동의 목적을 성취하는데 실질적으로 더 유리하다는 인식이 필요합니다. 이러한 일련의 사건들을 경험하게 해야 합니다. 이것은 적응과정에 필요한 하나의 변이이자 단서입니다. 죄수의 딜레마 게임에서도 이러한 변이가 컴퓨터 시뮬레이션의 모의 실험 과정에서 결정적인 요건임을 확인한 바 있습니다.

진화에서도 돌연변이가 중요한 역할을 합니다. 협력과 용서가 대승적이고 장기적인 이익에 도움이 된다는 일부 의미 있는 실험들이 있습니다. 예를 들어, 1993년 존 월러치가 제안한 평화의 씨앗운동을 들 수 있습니다. 여기서는 이스라엘과 팔레스타인의 아이들과 청소년들을 선발하여 서로 대화하고 경청하게 합니다. 이곳에서 이들은 공동의 목표를 위해 서로 팀을 이루어 협력하는 생활을 해야 합니다. 이들은 후에 고향으로 돌아가 용서와 화해의 홍보대사의 역할을 성공적으로 수행하고 있습니다. 이러한 운동은 적응적인 변이를 일으키는 의미 있는 출발이 될 수 있을 것입니다.

28. 삶의 방어막 - 적응유연성

1) 영어로 Resilience면 '탄력성'이나 '복원'의 의미일 것 같은데, 적응유연성이라는 개념도 이런 의미를 내포한 것인가요?

그렇습니다. 이것은 인간이 어려움이나 역경을 겪으면서 부적응한 상황에 처했지만 이전의 적응 수준으로 다시 돌아오는 경향을 말합니다. 즉, 한 개인이 스트레스가 증가되는 상황에서 일시적으로 자신의 힘과 능력을 잃었지만 다시 회복하는 능력입니다. 여기서 적응이란 한 개인이 속한 사회에서 그 개인의 연령과 성에 적절한 발달과제들을 수행하는 상태를 뜻합니다. 그러므로 역경에도 불구하고 역경에 처하지 않은 개인들의 평균적 기능수준을 유지할 수 있을 때 적응유연성이 높다고 할 수 있습니다.

2) 어려움에 처해도 무너지지 않고 견디는 능력이군요. (그렇습니다). 적응유연성이 스트레스를 참거나 인내하는 능력이라면 혹시 개인의 성격과도 관련이 있나요?

적응유연성을 이해하기 위해서는 우선 위험요인(risk factors)과 보호요인(protective factors)의 관계를 이해할 필요가 있습니다. 최근에 인기 있는 발달정신병리학 분야에서 아주 중요시하는 개념입니다. 위험요인은 정신장애나 부적응의 발생가능성을 높이는 심리·사회적인 환경을 말합니다. 이러한 요인들이 있으면 인간이 역경에 처하게 됩니다. 예를 들면, 가난, 가족불화, 불안한 정서, 교육적 무관심, 우울, 우범지역 같은 것입니다. 보호요인은 이와 반대로 인간을 적응적이고 건강하게 만드는 심리·사회적 요인들입니다. 자기 효능감이 높고, 대인관계가 다양하며, 지지적인 가족과 원만한 또래관계 그리고 건전한 역할 모델이 있는 것 등이 대표적인 보호요인입니다.

적응유연성이라는 것은 이 보호요인 중에서도 안정된 개인의 특성을 말합니다. 에어백 가설(air back hypothesis)로 설명하면 이해가 쉬울 것 같은데요, 에어백은 평상시에는 작동하지 않습니다. 우리는 차를 타고 다니면서 에어백의 존재를 거의 잊고 지냅니다. 에어백의 가치는 차가 충돌했을 때 나타납니다. 목숨이 위태로울 때 전혀 드러나지 않았던 에어백이 터져 그를 안전하게 지켜주듯이 적응유연성도 마찬가지 역할을 합니다. 성격이 일관되고 늘 보여 지는 그 사람의 특징이라면 적응유연성은 위기 때만 반짝 드러나는 개인의 특성입니다. 있는 듯 없는 듯 자신을 지켜주는 내면의 보디가드인 셈이지요.

3) 적응유연성이 높은 사람은 힘든 일을 하고 어려운 일을 겪어야 비로소 그 진가가 나타나겠군요. (그런 셈입니다). 적응유연성으로 알려진 특성들은 주로 어떤 것인가요?

위기 때 진가를 발휘하는 적응 유연성에는 높은 지능, 공감능력, 유머감각, 다양한 흥미, 뚜렷한 삶의 목적 등이 있습니다. 물론 이러한 특징은 위기가 아닐 때도 바람직한 개인의 특성입니다. 그러나 평상 시 에는 이러한 특성이 조금 부족해도 일상생활이나 적응에 큰 문제가 없습니다. 사실 안정된 환경에서는 진지하고 냉정하며 하루하루 현실에만 집중하는 사람이 적응적인 경우가 많습니다. 그러나 이러한 특성을 가진 사람들은 위기에 직면하면 심리적인 혼란에 빠지는 경우가 많습니다. 이에 비해 유머감각이 풍부한 사람들은 위기를 달관하는 통찰력이 있습니다. 공감능력이 높은 사람은 주변 사람들의 기쁨에 같이 기뻐하고 슬픔에 같이 울어주는 사람입니다. 그래서 이런 사람이 역경에 처하면 손 내밀어주는 친구가 있습니다. 지능이 높은 사람은 역경을 극복하는 과정에서 자신의 역량을 유감없이 발휘합니다. 이들은 이 시기를 오히려 자아 존중감을 향상시키는 기회로 삼습니다. 또한 그들은 미래의 꿈과 희망을 생각하면서 삶의 목적을 더욱 구체화 시킵니다. 요행을 바라지 않으며 고통스러운 현실에만 초점을 맞추지 않는 사람들은 위기에도 흔들리지 않습니다.

4) 적응유연성을 내면의 보디가드라고 말씀하셨는데 타고난 특성 같지는 않군요. 교육이나 치료 등을 통해 개발하는 방법은 없을까요?

맞습니다. 적응유연성은 타고난 것이 아닙니다. 당연히 개발할 수 있습니다. 특히 아동기나 청소년기는 적응유연성을 강화시키기에 적절한 시기입니다. 가장 중요한 원칙은 아이의 재능을 키워주는 것입니다. 적응유연성이 뛰어난 사람들은 남들에게는 없는 재능이 분명 있습니다. 캘리 홈즈의 아버지는 그녀가 어렸을 때 가출해 버렸습니다. 그러나 그녀는 후에 육상 선수가 되어 아테네 올림픽(2004년)에서 육상 2관왕에 올랐습니다. 사만다 모튼(마이너리티 리포트에 출연한 영국 배우)은 위탁가정을 전전했지만 오스카상에 노미네이트되는 배우로 성장했고, 결손 가정의 브루스 올드필드는 세계적인 패션 디자이너가 되었습니다. 이들은 재능을 이용하여 역경을 극복했습니다. 내가 잘할 수 있는 것이 있다는 느낌이 중요합니다. 이런 사람들은 지금의 상황을 바람직한 것으로 역전시킬 수 있다는 자기 효능감도 높습니다. 일전에 다중 지능을 말씀드린 적이 있는데요. 그 이론에 근거한다면 재능이 없는 아이는 없습니다. 아이가 역경에 주저앉기 전에 재능을 발견해야 합니다. 그리고 아이에게 그 재능에 주목하게 해야 합니다. 역경에 대한 히든카드는 바로 자신의 숨겨진 재능입니다.

재능을 발견하기 위해서는 아이를 다양한 상황에 직면시켜야 합니다. 감내하고 극복할 수 있을 정도의 다양하고 새로운 환경에서 처하게 해 보십시오. 이 상황에서도 특정 영역에서 일관된 능력이 발휘된다면 분명 그 분야에 재능이 있는 것입니다. 어렵고 힘들 때 마다 그 재능에 매달릴 수 있게 격려하고 자극해야 합니다.

공감능력을 키우기 위해서는 입장을 바꾸는 '조망훈련'이 효과적입니다. 즉, 상대방과 입장을 바꾸어 생각하는 훈련을 반복하면 공감 능력이 향상될 수 있습니다. 역지사지의 관점을 가지면 상대를 배려하는 마음이 생기고 냉담함이 감소합니다. 공감은 자신의 감정 정화에도 분명 도움이 됩니다. 그러나 무엇보다도 풍부하고 따뜻한 사람으로 인식되는 효과가 있습니다. 사람들은 이런 사람을 좋아하고 또 도와주고 싶어 합니다. 그래서 역경에 처했을 때 지지받는 것입니다.

다양한 흥미도 필요합니다. 이것은 조금씩 어설프게 관심을 갖는 것이 아니라 열린 마음으로 도전하는 마음가짐을 의미합니다. 인생에는 한 가지 길만 있는 것이 아닙니다. 이것이 안 되면 저것이 될 수 있고, 길이 막히면 돌아갈 수도 있는 것입니다. 삶은 비정하고 각박하지만 이 정도의 여지는 분명 있습니다. 궁지에 몰렸을 때야말로 다른 길을 찾는 모험과 호기심이 필요합니다. 그는 분명 역경에서 벗어날 것입니다.

29. 웰빙의 완성 - 웰다잉

1) 웰빙(Well Being)이라는 말은 이제 우리 시대의 화두처럼 된 느낌입니다. 최근에는 웰빙에 이어 '품위 있는 죽음' 으로 표현되는 '웰다잉(Well Dying)' 이 관심을 받고 있다면서요?

그렇습니다. 지금 유행하고 있는 웰빙은 잘 먹고 잘 살기 위한 소박하고 일상적인 삶을 현대적인 생활방식에 적용하려는 것입니다. 그러나 삶이 있으면 죽음이 있기 마련이고, 이러한 연속선상 에서 본다면 결국 웰빙의 궁극적인 완성이 웰다잉 이라고 볼 수 있습니다. 웰다잉에서는 죽음을 준비하는 과정에 초점을 맞추고 있습니다. 죽음의 의미를 되짚어보고 올바로 인식하는 것은 삶의 의미를 새로 발견하고 가치관을 재평가하는 계기가 될 수 있습니다. 웰다잉은 인간의 존엄성을 높이고 생명을 중시하는 가치관을 갖게 된다는 점에서 웰 빙만큼 중요합니다.

2) 잘 먹고 잘 사는 것도 결국 품위 있고 인간다운 죽음을 맞이하기 위해서군요. (그렇습니다). 그런데 사실 많은 사람들은 죽음을 삶의 일부로 받아들이고 싶어 하지 않잖아요. 특히 젊은 사람들은 죽음과 관련된 생각조차 하기 싫어할 뿐 아니라 심지어는 불쾌하다고 느끼는 경향도 있지 않나요?

아주 정확하게 맞습니다. 그렇게 생각하는 당연한 이유가 있습니다. 사람들은 겉으로는 노인들이 가진 지혜나 경륜 등을 존경하고 백발을 인생의 훈장이라고 말합니다. 그러나 죽음에 임박한 노인들을 바라보는 젊은 사람들의 공통적인 심리상태는 혐오감입니다. 노인은 약하고 늙고 병들었으며 분명 죽어가고 있습니다. 젊은이의 가치로 볼 때는 경쟁력이 없고 무능한 표상을 눈앞에서 바라보고 있는 것입니다. 그럼에도 불구하고 이것은 분명히 자기의 미래모습입니다. 직면할수록 불쾌하고 또 인정하고 싶지 않는 마음도 생깁니다. 노인들과 죽음에 대한 젊은이의 혐오감은 인간의 운명과 한계를 상기시키기 때문입니다. 인간으로서 느끼는 억울함과 짜증이 노인들을 보면서 자꾸 떠오른 것이지요.

또 한 가지는 바로 우리가 소위 '죽음부정사회(death-denying society)'에서 살고 있기 때문입니다. 우리 사회에 통용되는 말, 태도 그리고 행동에는 죽음이 부정적으로 암시되어 있습니다. "떠나다"는 말은 호의적이지만 "사망하다"라는 말은 호의적이지 않은 개념입니다. "개똥밭에 굴러도 이승이 낫다"와 같은 속담은 죽음에 대한 부정적 인식이 직설적으로 드러나 있습니다. 전설의 고향에 나오는 귀신들은 모두 한이 맺혀 있습니다. 그들의 죽음은 원한이나 억울함과 연결되어 있습니다. 향기로 채워지고 예쁘게 화장한 몸을 보여주는 장례식은 삶에 대한 인간의 집착과 환상이 투영된 절차입니다. 매스컴에서는 검버섯을 없애고, 흰머리를 검게 물들이는 것이 멋있게 사는 것 이라고 부추깁니다. 젊게 보인다는 말은 가장 듣기 좋은 칭찬이 되어버렸습니다. 현대사회는 죽음을 회피하고 연장시키려는 노력을 흡사 인간이 더 바람직하고 유능하며 발전한 증거로 규정했습니다. 이런 사회에서 노인과 죽음은 나쁘고 불쾌한 개념입니다. 그래서 부정하고 억압하기에 이른 것입니다.

3) 품위 있는 죽음을 바라면서도 아이러니 하게도 정작 죽음에 대해서는 떠올리기 싫어하는군요.

그렇다고 볼 수 있습니다.
사실 죽음에 대한 이 같은 거부감은 고스란히 사회경제적 비용으로 돌아옵니다. 말기 암환자와 같은 불치병 환자들이 마지막까지 항암제 투여를 고집하면서 혼수상태에서 죽음을 맞이하는 경우가 많습니다. 장례도 마찬가지입니다. 살아계실 때 효를 다하지 못한 것이 죄스러워 가시는 길이나마 화려하게 해드리고 싶은 자식들 마음은 충분히 이해합니다. 그러나 우리나라의 경우 그 비용은 무려 연간 27조원에 달합니다. 비용도 비용이지만 죽음을 앞둔 환자나 노인들이 가족들과 함께 소원을 하나씩 푸는 것은 아름다운 모습입니다. 이런 기회를 놓치는 것은 아쉬운 일입니다. 품위 있는 죽음을 항상 염두에 두면서 평생 흠 없이 살아갈 수는 없습니다. 누구나 회한과 아쉬움이 있을 것입니다. 인생을 되 돌이킬 수는 없지만 의미를 부여면서 재해석할 필요가 있습니다. 시행착오에 대해 가족에게 당부하는 것은 보람 있는 일입니다. 불화가 있었던 사람과 화해하고, 자기에게 상처 준 사람을 용서하는 마지막 시간이기도 합니다. 그래서 웰다잉은 놓칠 수 없는 기회인 것입니다.

4) 품위 있는 죽음은 인간의 보편적인 바람일 것 같은데요. 저는 개인적으로 이 웰다잉의 과정에서 남녀 차이가 있는지 관심이 생기는군요. 혹시 이 웰다잉의 사회적 인식이나 방법에서 성차가 있나요?

이 질문에는 아주 중요한 함의가 있습니다. 1972년에 수잔 손탁이 노화의 이중 기준이라는 개념을 제시한 바 있습니다. 품위 있는 죽음은 늙음 즉, 노화에 대한 사회적 인식과도 관계가 깊습니다. 무엇보다도 산업화된 사회에서는 남성에게 있어 노화의 기준은 훨씬 상처를 덜 주는데 비해 여성에 대한 노화의 기준은 너무 가혹합니다. 이 기준은 자신의 아름다움과 내면적인 가치를 파괴시킬 만큼 강력합니다. 실제로 신체적인 변화가 남성들보다 여성들의 자기 개념을 더 크게 변화시킵니다. 이것은 여성의 외모에 대한 사회적 기준이 남성과 매우 다르기 때문입니다(Wilcox, 1997; Harris, 1994; Cohen & Adler, 1992).

나이 들어가는 것에 대한 여성들의 두려움을 연령 공포(age terrorism)라고 부릅니다. Pearlman(1993)은 50세에서 60세의 여성들에게 가해지는 외모에 대한 사회의 평가 절하를 발달상의 위기로 보았습니다. 이 때문에 여성들은 늙어가면서 자기 존중감이 상실될 수 있고 더 부끄러워합니다. 외모로 인해 상대적으로 더 고통 받는 것입니다. 여성해방론적 관점을 가진 치료자들은 신체의 이미지 혼란은 모든 여성들에게 일어난다고 보았습니다. 자기 이미지에서의 부정적인 변화는 자기 무시를 초래할 수 있습니다. 신체적 변화에 대한 여성들의 두려움은 자기의 평가를 떨어뜨리는 원인이 될 수 있습니다. 자기 존중감이 떨어지면 스스로의 사회적 능력을 의심하는 병적인 성향을 발달시킬 수 있습니다(Watson, 1997; Rathbone-McCuan, 1996). 이러한 후회감과 피해의식은 성공적인 노화나 품위 있는 죽음이라는 발달과업을 성취하는데 매우 불리합니다.

이에 비해 남성의 웰다잉은 독립성과 성취를 긍정적으로 평가하는지와 관련이 깊습니다. 특히 남성들은 생존과정에서 상처를 받거나 자기 때문에 상처를 입은 경쟁자와의 화해여부가 중요합니다. 이것은 여성의 웰 다잉이 관계에서 의미를 확증하는 과정에서 주로 확보된다는 것과 비교될 수 있습니다(Kaufman, 1986; Barusch, 1997).

5) 남자는 화해와 용서 그리고 여자는 관계를 통한 의미의 발견 등이 웰다잉의 중요한 조건이군요? (구분 된다 라기 보다는 상대적으로 비중이 다르다는 것입니다). **웰다잉을 위한 일반적인 지침이나 감안해야 할 사항들이 있는지요?**

첫번째는 적절한 장소에서 늙어 가기(aging in place)입니다. 은

퇴하는 사람들은 종종 새로운 인생을 산다는 명목으로 시골이나 낯선 곳으로 가거나 변화된 수입 규모에 맞추어 집을 바꾸려는 경향이 있습니다. 그러나 이것은 좋은 선택이 아닙니다. 실제 대부분의 노인들은 결정적인 생활상의 요구가 없는 한 자신이 계속 살던 집에서 머물고 싶어 합니다. 그 집은 추억의 장소이고, 삶의 흔적이 묻어 있는 곳이며, 성숙하고 책임감 있는 자아개념을 떠올리게 하는 현장입니다. 미국의 경우, 55세 이상인 사람들의 약 84%가 은퇴 후 요양원으로 이사 가기보다는 자신들이 평생 머물렀던 집에 머물고 싶어 했습니다(Golant, 1994). 그들이 어쩔 수 없이 이사 가게 되었을 때, 63%는 같은 도시나 주에 머물기 원했습니다. 11%만이 다른 주로 이주하고 싶어 했습니다. 인생을 마무리하고 의미를 부여하기 위해서는 익숙한 환경과 근접해 있어야 하고 아는 사람들을 마주해야 합니다.

두번째는 죽음 불안(death anxiety)을 공식적으로 다루고 언급하는 것입니다. 죽음 불안이란 원인을 확실히 알 수 없는 불쾌감과 우려에 대한 느낌을 내포하고 있습니다. 죽음은 의존, 고통, 모욕적인 대우, 고립이나 외로움, 사랑하는 사람의 떠남과 같은 두려움의 감정을 유발시킵니다(Lemming & Dickinson, 1994; Neman, 1994). 그래서 사람들은 죽음을 더 많이 알고 이해하면, 죽는 것이 더 고통스러울 것이라고 생각합니다. 젊은 사람들의 경우 대부분 그렇게 알고 있으며 노인들도 처음에는 그렇게 생각합니다. 이 때문에 성인 자녀들은 종종 이 주제에 대해 부모나 조부모에게 자신의 생각을 솔직히 표현하지 못합니다. 그러나 노인들은 종종 자기 자신의 죽음에 대해 언급하고 또 토론하고 싶어 합니다. 그들이 습관처럼 내뱉는 "죽음에 대한 말"을 삶에 대한 집착이나 핑계라고 치부해서는 안 됩니다. 그들도 이제 죽음이 현실이라는 것을 뼈저리게 느끼고 있습니다. 이 현실을 부정하는 것이 오히려 노인에게 더한 불안과 불쾌감을 일으킬 수 있습니다. 또한 이것은 죽음에 대한 준비도 더디게 하는 원인입니다. 수의를 마련하고, 영정 사진을 찍으며, 앨범을 정리하고, 편지를 쓰는 모든 과정이 자신을 돌아보게 하고 삶의 의미를 찾은 과정입니다. 자식들은 "더 오래 사셔야지 왜 자꾸 죽는 말만 하시나?" 라고 흘려듣곤 합니다. 그러나 진지하고 성실하게 그들의 말을 경청할 필요가 있습니다.

삶의 회고(Reminiscence)는 성공적인 노화나 품위 있는 죽음과 관련이 깊은 요인입니다. 노인들은 회고를 통해 과거 경험을 현재와 통합하고, 또 앞으로 얼마 남지 않은 미래를 합리적으로 예측합니다. 회고하는 동안에 사람들은 많은 과거의 경험을 점차 더 기억해 내며 현재와 해결되지 않는 갈등을 재검토하고 재통합합니다. 이런 과정을 통해 삶에 의미를 부여할 수 있습니다. 이것은 아직까지는 살아있다는 삶의 느낌을 체험하기 위해서도 필요한 과정입니다.

Butler와 Lewis(1991)는 삶의 회고과정을 생략하거나 표현하지 않는 노인들은 죽음에 대해 더 불안해하고, 우울해지는 것을 확인하였습니다. 심지어는 자살의 경향도 더 높았습니다. 노인들은 과거와 현재 그리고 미래에 대한 연관성을 확인하고 싶어 합니다. 자신의 삶에 대해 말할 수 있는 기회를 제공하는 것은 노화에 대한 스트레스를 좀 더 효과적으로 경감시키는 방법이기도 합니다(Puentes, 1998).

노인들은 사회적 세계와의 관계를 점진적으로 줄이는 것이 좋습니다. 관계를 단절하는 것이 아니라 중요하고 본질적인 관계에 초점을 맞추는 것입니다. 늙음을 인정하지 않고 무리해서 관계망을 확대하면 얼핏 보기에는 건강하고 활동적인 노인으로 보입니다. 그러나 이것 때문에 남은 삶의 문제를 해결할 시간적인 여유를 갖지 못하게 될 수 있습니다. 결과적으로 품위 있는 죽음에 필요한 통합적인 자기-개념이 손상될 수 있습니다. 추억을 회상하고 토로할 수 있는 환경이 필요합니다. 이런 노인들은 그런 행동을 하지 않은 노인들보다 훨씬 건강하였습니다. 물론 생활에서도 더 만족하고 있었습니다(Cook, 1997).

6) 평생을 잘 살지 못한 사람이 마지막에만 잘 마무리하고 애써 의미를 부여한다고 해서 품위 있게 죽을 수 있을까요?

좋은 지적입니다. 전문가들이 말하는 '품위 있는 죽음'의 방법은 의외로 간단합니다. 바로 품위 있는 삶입니다. 억울해하면서 죽는 것이 싫다면 살면서 되도록 후회할 일을 만들지 않으면 됩니다. 최근 한국을 방문한 세계적인 죽음학자인 알폰스 디켄 박사도 "잘 죽기 위해서는 어떻게 살아야할까"를 고민해야 한다고 말했습니다. 예전에 말씀 드린 성공적 노화 역시 현재를 소중히 하는 삶에 초점이 맞추어져 있습니다. 톨스토이는 "세상에 가장 중요한 때는 바로 지금 이 순간이며, 가장 중요한 사람은 지금 함께 있는 사람이고, 가장 중요한 일은 지금 내 곁에 있는 사람을 위해 좋은 일을 하는 것" 이라고 말했습니다. 지금 우리에게 가장 소중한 것은 현재 만나는 인연들입니다. 이 사람들과 사랑하며 행복하게 살다가 후회 없는 삶을 마치고 가는 일만큼 보람 있는 일은 없습니다. 참 어려운 일이지만 방황하지 않고 후회하지 않으려면 지금 이 순간을 충실하게 살아야 합니다. 이것이 웰 빙이고 진정한 웰다잉입니다.

저자소개

유제민

중앙대학교 심리학과 학사, 석사(임상심리학), 박사(임상심리학)졸업
서울 아산병원 정신과 수련
중앙대학교 학생생활연구소 전임연구원
현) 강남대학교 교육학과 교수
한국심리학회 공인 건강심리전문가. 중독심리전문가
한국건강심리학회 부회장, 한국청소년학회 편집위원
저서) 발달정신병리학(시그마프레스), 마음을 묻다(서현사),
건강심리학(센게이지, 공역) 외

김철주

조지아 대학교 교육학 박사

현) 강남대 교육학과 교수

저서) 교육방법 및 교육공학(서현사), 교육과정의 이해(공저, 서현사)

비틀거리는 마음

2019년 12월 20일 1판 1쇄 인쇄
2019년 12월 25일 1판 1쇄 발행

저 자 유제민 김철주
펴낸이 조재성
펴낸곳 서현사

등 록 2002년 8월 14일 제03-01392호
주 소 경기도 고양시 일산동구 중앙로 1055번지 레이크하임 206호
전 화 031-919-6643
팩 스 031-912-6643
ISBN 979-11-88986-28-6 93180

정가 15,000원